传统村落旅游活化的可持续路径模型研究

A Sustainable Path Model for Tourism Rejuvenating Historic Villages

高璟 ◎著

北京大学出版社
PEKING UNIVERSITY PRESS

图书在版编目(CIP)数据

传统村落旅游活化的可持续路径模型研究/高璟著. —北京：北京大学出版社，2024.1

ISBN 978-7-301-34653-2

Ⅰ.①传… Ⅱ.①高… Ⅲ.①乡村旅游–经济可持续发展–研究–中国 Ⅳ.①F592.3

中国国家版本馆 CIP 数据核字（2023）第 225380 号

书　　　名	传统村落旅游活化的可持续路径模型研究 CHUANTONG CUNLUO LÜYOU HUOHUA DE KECHIXU LUJING MOXING YANJIU
著作责任者	高　璟 著
责 任 编 辑	闵艳芸
标 准 书 号	ISBN 978-7-301-34653-2
出 版 发 行	北京大学出版社
地　　　址	北京市海淀区成府路 205 号　100871
网　　　址	http://www.pup.cn　新浪微博：@北京大学出版社
电 子 邮 箱	zpup@ pup.cn
电　　　话	邮购部 010-62752015　发行部 010-62750672　编辑部 010-62752824
印 刷 者	大厂回族自治县彩虹印刷有限公司
经 销 者	新华书店 650 毫米×980 毫米　16 开本　11 印张　170 千字 2024 年 1 月第 1 版　2024 年 1 月第 1 次印刷
定　　　价	55.00 元

未经许可，不得以任何方式复制或抄袭本书之部分或全部内容。
版权所有，侵权必究
举报电话：010-62752024　电子邮箱：fd@pup.cn
图书如有印装质量问题，请与出版部联系，电话：010-62756370

序

　　壬寅孟冬时节,收到我的博士高璟寄来的书稿《传统村落旅游活化的可持续路径研究》,以及撰写序言的邀请,答应是答应了,但是由于前一阶段北京乃至全国的特殊情势,确实没有沉下心来读书的氛围。2022年画上了一个句号,时光步履蹒跚地迈进了2023年,利用元旦节日的暂时的宁静和阖家"冬阴功"的欢聚,终于有了完成学生布置的作业的心绪。

　　传统村落具有文化传承、生态平衡、经济开发等多重价值。面对这四十多年来中国城镇化进程的加快,地方政府和当地农民在土地财政和建筑现代化的双重推动力作用下,传统村落及自然村的消失日以百计,确实到了需要加强保护的时候了。但是多年的实践证明,不加活化利用的被动保护,成本太大、成效不高。而旅游活化在乡村振兴、城乡社会交换和环城市居住旅游发展的时代背景下,呈现出旺盛的生命力。但是传统村落的旅游活化过程中存在着一系列亟待解决的理论问题和实践挑战,譬如传统村落中哪些文化价值和社会价值最值得保护和利用;旅游者在涉入传统村落旅游目的地过程中哪些体验最富于吸引力和满意度;无论是遗产保护还是活化利用都依赖很大投资,那么这些投资来自何处;多种资本的同时进入是否兼容;获得的投资回报在投资人与原住民之间如何进行合理而且可持续的分配……类似这样的理论问题还有不少,这里就不再一一枚举。

　　正是在认识到以上研究需求的基础上,高璟在其著作中提出"旅游活化"这一思路,剖析传统村落活化面临的现实问题、传统村落保护和利用的价值取向,对传统村落旅游活化问题展开了系统性的研究。该研究借鉴和吸收了文化地理学三层文化体模型、可持续生计理论、整合性乡村旅游等理论框架,系统地建构了传统村落旅游活化的可持续路径模型(即MSS路径模型),该模型以旅游为出发点,沿着物质层、社会层和精神层的基本演化路径,明确了各层的实施策略和旅游活化所对应的村落资源价值要素,提出旅游活化过程中每一层应注意的重点问题。在完成了MSS路径模型框架建设任务之后,作者通过田野调查、抽样问卷、被试访谈等研究方法,对以陕西袁家村为代表的村集体主导型传统村落的旅游活化过程及结果进行了分析与评价,并由此总结了传统村落旅游活化MSS路径模型的基本属性特点。除了村集体主导型,作者还对资本主导型(以北京古北水镇为代表)和政府主导型(以北京爨底下村为代表)传统村落的旅游活化运用 MSS 路径模型进行了验证分析。三载疫情，包括乡村旅游在内的各类旅游活动都受重创。但是人类终究摆脱了困境，基于传统村落的乡村旅游也重新进入村民、游客、政府和投资者的视野，乡村振兴与城乡互动、新农人新乡绅与后乡土生活方式的兴起，文旅深度融合与文物活化利用逐渐深入且具技术规范支持等新生事物将不断涌现。所有这一切，都为高璟博士论著的出版和接受，提供了实实在在的要求，也成为它深受欢迎的机会。

是为序。

北京大学城市与环境学院旅游研究与规划中心　主任

文化和旅游部"十四五"规划专家委员会　委员

国际旅游学会　创会主席

吴必虎

2023 年 1 月 1 日

前　言

　　传统村落作为承载中国传统物质文化和非物质文化遗产的重要空间场所,近十年来受到学界和产业界的持续关注。面对全球化、城镇化和现代化浪潮的冲击,传统村落面临消失、衰败、空心化等问题,此为必然。同时,随着现代城市快节奏、强压力和怀旧观的驱使,寻找"乡愁"和"记忆的故乡"成为乡村发展的新动力,此为机遇。2017年乡村振兴战略提出,2022年党的二十大报告指出建设宜居宜业和美乡村,在此背景下,如何保留且传承这份"礼失而求诸野"的宝贵空间成为建筑、地理、城乡规划、社会学等多个学科的重要议题,也是具有中国特色和实践价值的命题。

　　本书尝试探讨了"以旅游为抓手,如何促进传统村落活化利用"这一主题,全书共分为五章。第一章介绍了研究展开的背景。第二章纵观了国内外传统村落保护与利用的现状,提出"旅游活化"这一概念思路。第三章是全书的精华所在,通过进一步剖析传统村落活化面临的现实问题、传统村落保护和利用的价值取向,在借鉴吸收文化地理学三层文化体模型、可持续生计理论、整合性乡村旅游等理论框架的基础上,系统地建构了传统村落旅游活化的可持续路径模型,即MSS路径模型。该模型以旅游为出发点,沿着物质层、社会层和精神层的基本演化路径,明确了各层的实施策略和旅游活化所对应的村落资源价值要素,提出旅游活化过程中每一层应注意的重点问题。第四章是实证研究,以MSS路径模型框架为理论基础,通过田野调查、问卷、访谈等研究方法,对以陕西省袁家村为代表的村集体主导型传统村落的旅游活化过程及结果进行了分析与评价,并由此总结了传统村落旅游活化MSS路径模型的基本属性特点。实证分析一方面是对所建构理论的验证,另一方面也是对理论的应用及修正。第五章做了一些讨论,对以北京古北水镇为代表的资本主导型、北京爨底下村为代表的政府主导型村落的旅游活化过程及其属性特征进行了简要分析和对比。

　　本书的结论和主要观点如下:(1)传统村落旅游活化的最终目的是促进形成村落内部的造血功能,恢复村落全新的生产和生活功能。(2)传统村落旅游活化的可持续路径模型分三步:首先是物质层,包括地理环境上的建筑、景观更新,生计与生活转变;其次是社会层之社会组织与社会关系的改变;最后为精神层之情感与记忆,包括地方感的塑造和集体文化记忆的唤醒与重构。(3)旅游可以活化传统村落的自然、社会和文化资源价值,传承与发扬其优秀的物质与非物质文化遗产。(4)根据MSS路径模型演进,所形成的整合性传统村落旅游活化过程具有五大特征:嵌入性、内生性、赋权性、网络性和可持续性。行动者网络理论可以应用于分析传统村落的旅游活化过程。(5)传统村落旅游活化的可持续路径模型具有一般普适性,可以作为激活村落活力的有效策略。但村集体主导型、资本主导型和政府主导型的传统村落旅游活化过程具有不同的属性特征,在现实操作中要因村而异才可能达到可持续的目的。(6)所提出的"三层五性"分析框架可为传统村落旅游活化实践提供指导,并成为判断其成功与否的衡量标准,对乡村政策制定者、乡村规划人员及相关研究人员具有重要启发意义。

本书以整合性的视角综合吸收与运用了多学科思想方法与理论,试图突破传统城市规划的理论方法,创新乡村规划、旅游规划的思路与理论,经过规范性的理论与案例研究过程,较为系统地建构了传统村落旅游活化的可持续路径理论。一方面补充了中国背景下传统村落旅游活化理论的缺失;另一方面可为未来相关研究提供一个可能的逻辑框架,并为产业实践提供理论支持。

目 录

第一章 背景：消逝的村落 ································· (1)
  1.1 机遇与挑战 ·· (1)
  1.2 问题的提出 ·· (8)

第二章 他山之石 ·· (10)
  2.1 传统村落相关研究进展 ···························· (10)
  2.2 传统村落与旅游活化 ······························ (20)
  2.3 思想与理论基础 ··································· (28)
  2.4 传统村落活化案例借鉴 ···························· (49)
  2.5 传统村落旅游活化的问题剖析 ···················· (58)

第三章 模型建构与研究方法 ······························ (62)
  3.1 理论模型建构 ······································ (62)
  3.2 研究方法设计 ······································ (70)
  3.3 案例地概况 ·· (74)

第四章 过程：活化的村落 ……………………………………… (76)
    4.1 物质层：地理环境、生计与生活 ……………………… (76)
    4.2 社会层：组织与关系 …………………………………… (103)
    4.3 精神层：情感与记忆 …………………………………… (118)

第五章 讨论：变化的村落 ……………………………………… (126)
    5.1 MSS 路径模型属性总结 ………………………………… (126)
    5.2 应用策略 ………………………………………………… (136)
    5.3 主要结论 ………………………………………………… (139)
    5.4 局限与展望 ……………………………………………… (140)

参考文献 ………………………………………………………… (142)
附录 ……………………………………………………………… (148)
后记 ……………………………………………………………… (164)

第一章　背景：消逝的村落

1.1　机遇与挑战

1.1.1　国际国内乡村遗产保护运动不断推进

自 20 世纪 70 年代以来，随着联合国教科文组织（UNESCO）《保护世界文化和自然遗产公约》的签署，世界文化与自然遗产保护运动在全球蓬勃开展起来。据 UNESCO 官方网站记录，截至 2016 年底，《世界遗产名录》共收录了 1052 处世界遗产地[①]。其中，有一些"活态"的乡村类世界遗产地，其特点是目前仍然有人类居住或者保持着人类活动，如匈牙利霍洛克古村落及其周边（Old Village of Hollókő and its Surroundings）、日本白川乡和五屹山历史村落、韩国河回村和良洞村、中国安徽西递宏村、中国福建土楼、中国广东开平碉楼与村落等[②]。截至 2014 年 12 月 31 日，有学者通过对所有世界遗产进行筛选，找出了其中 18 项村落遗产[③]（见表 1.1）。虽然这些乡村类世界遗

---

① 参考网站：http://whc.unesco.org/en/list.
② 周睿,钟林生,刘家明.乡村类世界遗产地的内涵及旅游利用.地理研究,2015,34(5):991—1000.
③ 刘伟国,刘志平.世界遗产视野中的村落遗产研究.三门峡职业技术学院学报,2015,4(2):90—96.

产地有的归属于文化遗产,有的属于文化景观类遗产,但它们存在着普遍的共性:凝结了一定时期内具有世界性突出普遍价值的民居建筑、乡村聚落、村落布局、土地使用方式、产业活动、民间习俗、手工技艺或文化节事等要素,是承载历史、空间、文化、产业的综合体。因乡村类遗产具有不同于现代乡村及其他类型遗产地的独特价值,因而在当代受到普遍重视。不同要素和景观进行组合后,使得这些乡村类世界遗产地成为独特的旅游资源,能够满足游客亲近自然、体验遗产原真性、感受人类与自然和谐共生的多重旅游需求[①]。因此,目前世界各国主要通过旅游开发的形式对其加以保护和利用,如韩国历史村落河回村和良洞村通过挖掘当地传统的祭神仪式假面舞,将其开发成为世界性节事庆典,每年吸引了大量国际游客参观体验[②]。

就国内实践而言,目前已经形成了对乡村类遗产"世界—国家—省—地方"的多级保护体系。世界级即世界遗产;国家级层面上有《历史文化名镇名村保护条例》;省级层面上如各地的美丽乡村建设、山东省"乡村记忆"工程文化遗产名单等;地方层面则较多地联合非物质文化遗产进行整体保护和利用,同时依靠社会资本获得村落保护的资金和智力支持。

表1.1 世界遗产名录中的村落遗产项目

遗产项目名称	所在国家	遗存现状	形成时间(世纪)
历史村落河回村和良洞村	韩国	活态	14—15
白川乡和五屹山历史村落	日本	活态	12
皖南古村落——西递、宏村	中国	活态	1047年、1131年
开平碉楼与村落	中国	活态	19世纪末—20世纪初
福建土楼	中国	活态	15—20
霍拉索维采古村保护区	捷克	活态	13
伏尔考林耐克	斯洛伐克	活态	10—12
特兰西瓦尼亚村落及其设防的教堂	罗马尼亚	活态	13—16
赫尔辛兰带装饰的农舍	瑞典	活态	19

---

① 韩锋.世界遗产文化景观及其国际新动向.中国园林,2007(11):18—21.
② 陈耀华,杨柳,颜思琦.分散型村落遗产的保护利用:以开平碉楼与村落为例.地理研究,2013,32(2):369—379.

续表

遗产项目名称	所在国家	遗存现状	形成时间（世纪）
吕勒欧的格默尔斯达德教堂村	瑞典	活态	15
阿尔卑斯地区史前湖岸木桩建筑	奥地利/法国/德国/意大利/斯洛文尼亚/瑞士	遗址	约前5000—前500年
霍洛克古村落及其周边	匈牙利	活态	17—18
上斯瓦涅季	格鲁吉亚	活态	中世纪
梅萨维德印第安遗址	美国	遗址	6—12
陶斯印第安村	美国	活态	1400年前
霍亚-德赛伦考古遗址	萨尔瓦多	遗址	6
阿伊特·本·哈杜筑垒村	摩洛哥	活态	8
叙利亚北部古村落群	叙利亚	遗址	1—7

来源：根据刘伟国等（2015）有所删减

1.1.2 新世纪中国传统村落面临消失危机

作为乡村类遗产的重要组成部分，传统村落过去也被称为历史村落、历史文化村落或古村落，虽然叫法有异，但它们在本质上有着共同内涵。无数传统村落就像散落在华夏大地上的珍宝，记载着人类的荣辱兴衰。每个村落都有自己独一无二的故事和美丽传说，无不勾起当下华夏儿女的乡愁。当我们沉浸在西递、宏村那些知名世界文化遗产时，却不知有多少"草根"村落正在消亡。国内"古村落保护第一人"冯骥才先生曾说过：中国在过去10年间消失了90万个古村落，古村落的价值绝不小于万里长城，抢救古村落就是和时间赛跑[1]。来自农村一线的若干调查也揭示了传统村落消逝速度很快，究其原因，除了现代化、城镇化的影响外，还有若干复杂的社会原因。有些传统村落即使被保护起来，还可能存在着重有形建筑保护、轻无形原住民文化保护，或者说重固态文化保护、轻活态文化保护的现象[2]。总之，中国的传统村落正遭遇千年来未有之大变局。

---

[1] 中国10年消失90万个古村落冯骥才吁立法保护.中国新闻网.http://cul.china.com.cn/2015-07/20/content_8083149.htm

[2] 胡彬彬.当前传统村落演变态势堪忧——来自农村一线的调查与回访.人民论坛,2015(6):64—66.

实际上,村落消亡的问题是全球性的,不可回避。从文明的角度来讲,近代以来特别是工业革命以来,在工业化和城市化推动下,城市文明以压倒性优势击败了乡村文明,成为人类文明发展史上新的主宰。全球疯狂的城市化在未来50年还将继续推进,并主要以发展中国家为主。孕育了传统文明的乡村面临挑战和转型,在世界哪个角落都一样,许多国家如英国、日本、西班牙的乡村目前正经历着人口衰减、产业衰退的危机。人口是决定发展的前提条件,人口流失所导致的发展滞后成为目前乡村面临的首要问题。全球发达国家及新兴国家的城镇化进程,遵循了人口流动的基本规律,即人口流动主要由经济因素所决定,而地形和气候等自然条件虽然也会影响人口流动,但这些因素具有相对稳定性;较多的就业机会、较高的收入、良好的医疗和教育资源等是吸引人口由乡村流向城市的重要动力。有关机构预测,中国目前的人口流动趋势还会持续相当长时间,不太可能发生人口流转方向的突变;人口还将继续流向北京、上海、深圳、广州等大城市和沿海经济条件优越的地区,而中西部、东北和西南边疆地区特别是其乡村地区,青壮年劳动力还将持续流出,人口老龄化也会加速,"空心村"和"留守现象"仍将继续①。

乡村和村落衰败这一总体趋势不可回避,但目前大量的传统村落具有重要文化价值、科学价值、艺术价值和旅游价值等,不能任由其衰败,人类有责任为后代保存这些珍贵的文化记忆,这也符合可持续发展理念,因此大量古村落一去不复返的现象在近几十年已经引起并得到了社会各界的重视。从2012年开始中国政府已从国家层面正式开展了传统村落的评定工作,截至2022年底,完成六批名录认定(见表1.2)。民间也发起了如"古村之友"(全国性古村志愿者网络)之类的非营利性公益组织和相关行动。对学术研究领域而言,仍需要吸引更多学者关注传统村落,加强理论研究和实践转化,以更好地服务于其保护和传承利用实践。

表1.2 住建部公布的中国传统村落名录(截至2022年底)

批次	公布时间	传统村落数量
第一批	2012年12月	646
第二批	2013年8月	915

---

① 郑真真,杨舸.中国人口流动现状及未来趋势.人民论坛,2013(11):6—9.

续表

批次	公布时间	传统村落数量
第三批	2014年11月	994
第四批	2016年11月	1602
第五批	2019年6月	2666
第六批	2022年10月	1352
合计	—	8175

来源:住建部官方网站

1.1.3 中国特色传统村落的活化面临挑战

传统村落的消失原因复杂,特别是对于没有受到法律保护、居民生活环境又亟须改善的村落而言,拆还是不拆这是一个问题。近年来,随着经济社会变革不断推进、后现代文化思潮涌现、大众休闲需求提高等多重力量影响,乡村开始呈现多元化、立体化、平民化,传统村落的保护与利用如何协同成为当下迫切需解决的问题①。实际中,传统村落不仅面临空心化问题,部分村落还面临建设与开发不当、以保护为由搬迁村民、村民意愿与村落保护之间矛盾凸显等困境②。传统村落不能一味"修旧如旧"地保护,也不能大举拆迁搞现代化;不能片面地只保护历史建筑,而应全面动态地看待保护问题,特别要保护其中的传统文化:如家庭组成、生态环境、传统生产生活方式、谋生手段和手工技艺等。因此,本书引用遗产保护的活化理念,提出了传统村落"活化"思路:为村落建筑寻得新生命,做一个新用途,让公众得以走进并欣赏村落本身。"活化"并不等同于翻新重建,它既有别于急功近利的大拆大建所造成的盲目破坏,也不同于放弃对文化遗产真实性和完整性的尊重而大造仿古建筑,更不是把文物当作"架上古董"冻结保护而任其衰败。实际上,古村"活化"是一种关于文物保护的"微循环",它让静态的文物得以动起来,在外表"更新"的基础上,把建筑的商业、观赏功能进行更深层面的改造,把历史建筑再利用,强化公众参与度,同时为公众带来最大效益。国外很多国家在上世

---

① 樊友猛,谢彦君.记忆、展示与凝视:乡村文化遗产保护与旅游发展协同研究.旅游科学,2015,29(1):11—14.

② 刘馨秋,王思明.中国传统村落保护的困境与出路.中国农史,2015(4):99—110.

纪已经开展了传统村落的保护与利用工作,如德国的村落更新规划[1]、日本白川乡成熟的村落保护体系[2];国内近年来也开始对古村保护与活化问题进行了大量的理论和实践探索,早期多聚焦于西递宏村、江南六大古镇等,近期也开始关注大量的"草根古村"。

1.1.4 旅游研究亟须与产业发展步伐相一致

以上勾勒出本书主题的实践背景,以传统村落为主题的学术研究状态又如何? 2016年12月国务院印发了关于中国《"十三五"旅游业发展规划》,其中明确提出推进8大类特色旅游目的地建设,古村落旅游目的地作为其中之一提上日程。伴随近年来越发火热的乡村旅游潮,传统村落旅游目的地还需挖掘和提升。目前很多村落主要以观光旅游为主,对地方文化挖掘不足,雷同现象日趋明显,很难满足地方居民和游客共同发展的需求。为解决这一问题,迫切需要有效的理论指导。国外学者很早就对乡村类遗产给予了极大关注[3]。日本白川乡历史村落虽然由于当地城市化现象严重,但地方居民十分重视自身村落价值,通过积极采取自我保护、社会力量支援、政府政策和资金支持补助、大众媒体宣传等手段实现了房屋保护、修葺或移建[4]。国内,近年来乡村类遗产保护问题也成为学者研究的热点领域,其中涉及的保护对象有乡村景观、乡村建筑、乡村文化、乡村生态环境等。总之,目前国内对传统村落的保护理论多基于建筑学、城市规划学、遗产学和美学等视角,有提出传统村落保护专项标准体系、有编制基于古村落保护的乡村规划等,这些保护工作大都聚焦于从空间视角进行物质更新,对传统村落中存在的社会和文化问题重视不足,缺乏直接且有效指导传统村落活化的系统理论,完善这一不足成为本书的重要目标。

从旅游研究角度看,传统村落的保护与活化是一个涉及时间、空间、多方利益主体的重要研究命题。旅游作为传统村落活化的重要途径之一,目前在研究中存在一大问题,即旅游研究的动力来自社会需求,但旅游研究、旅游学

---

[1] 王路.农村建筑传统村落的保护与更新——德国村落更新规划的启示.建筑学报,1999(11):16—21.

[2] 马晓,周学鹰.白川村荻町——日本最美的乡村.中国文化遗产,2013(5):102—107.

[3] Beeho A J, & Prentice R C. Conceptualizing the experiences of heritage tourists: A case study of New Lanark World Heritage village. Tourism Management, 1997, 18(2): 75-87.

[4] 张姗.世界文化遗产日本白川乡合掌造聚落的保存发展之道.云南民族大学学报(哲学社会科学版),2012,29(1):29—35.

科对旅游产业、新兴发展现象的记录、梳理、统计描述、规律认知、理论总结乃至管理指导都落后于实际旅游发展状况,落后于旅游行业对旅游发展记录的非学术性知识的总结步伐①,这是旅游理论研究与实践活动相矛盾的一面;同时,理论与实践之间又是循环往复、相辅相成的关系②。作为文化遗产的传统村落,对其旅游活动进行研究时,早有人指出:必须抛弃简单的形式主义的类型分析和结构分析,转为从实践出发,进而提高到理论概念,然后再回到实践去检验③,旅游基础理论和基础实践研究已被归结为新时期中国旅游研究十大创新方向④。这就提供了一种研究的基本逻辑:基础理论和规律研究增强了对旅游内在本质的认识,完善了旅游科学的理论体系和学科体系;实践总结研究不仅对旅游业创新发展具有直接的指导价值,对中国经济市场化改革也有重要启示意义。

以上阐释了旅游研究中知行合一的重要意义,指明了传统村落旅游活化这一研究主题的初衷。旅游研究与人文地理学关系密切。20世纪早期,旅游研究曾被排斥在人文地理学学科主流之外,人文地理学更多地研究城市和区域问题,在中国尤以经济地理学为盛。但随着许多社会和文化问题的凸显,从20世纪80年代开始,旅游研究引起了人文地理学特别是文化地理学的重视。早期Pearce⑤、Smith和Mitchell⑥的著作中已经阐释了他们对地理学与旅游关系的理解:将地理学方法用于旅游研究就如同将无数的因果因子整合到概念和行为模型中,以便于更好地理解复杂的全球活动;旅游是一种空间学科,集中于研究人类的空间行为和空间组织。因此,旅游有着经济和空间传统,如将旅游作为一种土地利用类型,评价其对土地所有者的经济影响;如研究旅游流的时空分布、旅游目的地生命周期、游客偏好及游客容量;还有如研究旅游发展的环境影响特别是生态旅游的兴起。与此同时,旅游也具有文

---

① 于海波.人文社会科学跨学科交叉研究的创新与边界——以旅游研究为例.旅游学刊,2014,29(12):93—100.
② 保继刚.中国旅游地理学研究问题缺失的现状与反思.旅游学刊,2010,25(10):13—17.
③ 曹国新.文化遗产旅游研究的现状、症结与范式创新.旅游学刊,2010,25(6):7.
④ 石培华,冯凌.新时期中国旅游研究十大创新方向展望.北京第二外国语学院学报,2010(5):1—7.
⑤ Pearce D G. Towards a geography of tourism. *Annals of Tourism Research*,1979,6(3):245-272.
⑥ Smith R V, & Mitchell L S. Cooper C. Geography and tourism: A review of selected literature, 1985-1988. *Progress in Tourism, Recreation & Hospitality Management*,1990(2):50-66.

化和社会传统,从 MacCannell① 的"真实性"、Relph② 的"地方性和无地方性"、Urry③ 的"游客凝视",旅游与文化、社会地理学的关系可见一斑。旅游可以为地理学家提供一个重新审视社会和文化问题的有用工具;同时,如果旅游研究中能够更多地融入社会和文化分析方法,会大大加深对旅游的理解。

所以,旅游研究需要从多学科、多视角汲取养分。就当下而言,伴随新文化地理学的涌现、全球产业结构转型与后现代主义盛行的潮流,文化在社会生活中的角色越发重要,并为旅游研究提供了丰富的视角。早期作为产业结构转型的代表英国,其工业衰退及随之而来的失业将人们的注意力转向旅游、休闲及相关服务产业,很多工业遗产地发展了旅游,将工业景观再现为旅游景观。正如 Hughes④ 所说:旅游已经不知不觉成为一种政治工具,专门用于地方重塑。同时后现代主义的核心特点是解构和再现,而旅游作为一种社会建构绝不可能与其背道而驰,景观变成了旅游目的地并被游客和开发商赋予了价值与意义,作为社会活动旅游还必须借助物质空间被创造和诠释。因此,旅游占据了文化变迁特别是文化生产和消费这一宏大过程的一部分。

旅游所包含的社会和文化交流方式是理解假期在人们日常生活中作用的前提,不同人群在变迁的时间与空间中创造了意义与价值。新潮流将使旅游研究中经济与空间传统盛行的年代一去不复返,在传统人文地理学背景下的旅游研究,更应凸显文化地理学的重要作用,这也明确了本书的学科立场。

1.2 问题的提出

目前旅游相关的理论研究很大程度上落后于其产业实践脚步,同时国内对传统村落保护和旅游活化的研究范式尚未形成。虽然从 2000 年开始,以早期西递、宏村为代表的传统村落旅游开发已经存在了一段时间,但经过十余年的理论和实践发展,早期的古村落旅游开发面临升级和反思。因此,本书

---

① MacCannell D. Staged authenticity: Arrangements of social space in tourist settings. *American Journal of Sociology*, 1973, 79(3): 589-603.

② Relph E. *Place and placelessness* (1983 *reprint*). London: Pion, 1976.

③ Urry J. *Thetourist gaze: Leisure and travel in contemporary societies*. London: Sage, 1990.

④ Hughes G. Changing approaches to domestic tourism. Tourism Management, 1992, 13(1): 85-90.

提出的旅游活化理念希望对传统旅游开发这一方式在内涵上进行扩展、提升和延伸,通过旅游,活化村落所拥有的传统资源价值要素,促进其可持续发展与抵抗冲击的韧性。

本书基于文化地理学视角,融合多学科思想方法研究传统村落的旅游活化,具体研究问题有:

(1) 传统村落的本质抑或说性质是什么?其活化所面临的根本问题是什么?

(2) 传统村落活化的方式有哪些?目前旅游活化的现状如何?旅游可以活化传统村落的哪些价值要素?

(3) 基于文献与理论梳理,建构传统村落旅游活化的可持续路径模型。

(4) 以袁家村为实证案例,基于所提出的旅游活化可持续路径模型,探讨以旅游驱动的传统村落内生式活化的过程机理,评价并提出建议。

(5) 总结传统村落旅游活化可持续路径的属性特征与应用策略。

活化是传统村落保护的重要方式,而旅游活化是有效的活化途径。通过活化,实现传统村落人口回流、功能重铸、空间再生、产业再造、文脉延续等多级目标,不仅"输血",而且"造血",让其真正展现活态。本书的研究可为各级政府、规划师、企业家、公益组织等提供参考,以便更好地处理城市和乡村的矛盾、村落保护和利用的矛盾;促进传统村落由被动保护向主动活化转变;推动传统"乡村建设"变为"乡村复兴"、"乡村工业化"变为"乡村旅游活化"。这也是我国社会经济高质量发展的要求,响应了党的十九大报告提出的"乡村振兴战略",也是党的二十大报告中建设宜居宜业和美乡村的重要一环。最后,衡量研究成果好坏的标准,在于能否回答"好奇陌生人可能提出的所有问题",合理解释一定时期内的某些社会现象,满怀希望地为未来中国传统村落的活化实践提供理论指导与借鉴。

第二章 他山之石

2.1 传统村落相关研究进展

以传统村落为研究对象,首先要明确其概念。就传统村落一词来讲,源自中国汉语习惯用"传统"一词来表明那些经世代相传、从历史沿传下来的文化、艺术、风俗、制度、思想、道德和行为方式等,凡是与此相关的事物均可冠之"传统",是历史发展继承性的表现。因此,传统村落广义上代表了历史遗留下来的村落,即它具有历时性和空间性。从时间上看,它是有年代跨度的;从空间上看,它又是具有一定地域的物质实体。当代表述中传统村落、古村落(古村)、乡土建筑等多种表达通常不加严格区分。

追随世界保护自然文化遗产之风,2003年住房和城乡建设部(以下简称住建部)与国家文物局展开"中国历史文化名镇名村"评选工作,开始重视村镇尺度上的遗产保护。而传统村落真正进入大众视野并上升到国家政策层面,则始于2012年以住建部牵头正式开展的传统村落评定工作,这意味着传统村落在法律上的地位得以确立。2012年12月住建部等3部门印发《关于加强传统村落保护发展工作的指导意见》中,将传统村落定义为"拥有物质形态和非物质形态文化遗产,具有较高的历史、文化、科学、艺术、社会、经济价值的村落"。因此,传统村落这一概念是对那些具有一定发展历史、延存至今且保留较为完整、承载地域传统文化和民俗风情的有重点保护意义的乡村聚落形式所作的界定,重点在于突出古村落所具有的历史价值和文化内涵及其所反映传统文化遗产方面的代表性和典型性[①]。其文化内涵体现在现存传统建筑风貌的完整度、村落选址和格局保持传统特色的程度、非物质文化遗产活态传承的状态,这也是传统村落评价认定指标体系的基本内容(见附录1)。

传统村落与古村落、历史文化名村、历史文化村落、乡土建筑等相关概念既有联系又有区别,但在内涵上是基本一致的,即都是历史时期形成的、具有文脉特征且延续至今的古代村落,虽然当代村落较传统可能发生了一定变化,但传统文脉特征被保留下来[②]。通过对相关概念进行梳理,本书所定义的传统村落必须具备以下两个条件:第一,具有重大历史文化价值,包括物质的和非物质的文化遗产;第二,活态传承,即目前仍有居民进行正常的生产和生活。

2.1.1 国外传统村落与旅游相关研究

国外较早就出现了关于传统村落与旅游关系的研究。需要指出传统村落是在汉语背景下提出,"传统""村落"等概念的内涵符合中国实际视角。在国外,很多研究涉及一些具有历史文化价值的村落及城镇。假设中国一个拥有1000人的村落,在国外可能被定义为一个城镇。鉴于此,在对外文文献进行查阅时,搜索的关键词有 traditional village/town, old village/town, historical village/town, historic village/town 等。

传统村落的历史文化价值、景观价值是其能够吸引现代游客的重要因素。Kastenholz 等[③]研究了葡萄牙传统村落的游客满意度,认为与社会、情感和象征性三个维度相关的经验是影响游客满意度的重要因素,也就是说,在传统村落旅游过程中对历史文化有较强敏感性的游客,其体验和满意度较好,这与作为旅游吸引物的传统村落的自身属性特征密不可分。

国外旅游研究者还十分关注古村落发展旅游与保持其文化传承及原真

[①] 刘大均,胡静,陈君子,等.中国传统村落的空间分布格局研究.中国人口·资源与环境,2014,24(4):157—162.

[②] 刘沛林.古村落:和谐的人聚空间.上海:上海三联书店,1997.

[③] Kastenholz E, Carneiro M J, Marques C P, et al. Understanding and managing the rural tourism experience—The case of a historical village in Portugal. *Tourism Management Perspectives*, 2012, 4(4): 207-214.

性之间的关系。Medina① 研究了位于玛雅遗址附近的玛雅古村在发展旅游时带来的商品化如何影响传统玛雅文化的变迁。Besculides 等② 通过对美国科罗拉多州西南历史风景道沿线 23 个镇的西班牙裔居民、非西班牙裔居民进行调查,结果表明尽管居民均已认识到该风景道及其沿线的旅游价值,但相比之下,西班牙裔居民对旅游发展中文化要素的重要性意识更为强烈,并更加关注如何加强旅游管理以保持其独特的文化氛围。Kneafsey③ 研究了以传统农业为主的法国公社的旅游发展,探讨了影响当地居民参与旅游发展的因素,并指出只有充分考虑旅游地的传统文化、历史发展过程中的各种关系,才能更好地理解文化经济的运作。在墨西哥 4 个以踏板织布业为传统行业的村落里,踏板织布业一向被认为是本土化管理的正面典型,然而 Cohen④ 的调查发现,存在于商人、独立织工及合同工之间的经济、社会差别正不断扩大。虽然本土化管理模式能够为一些地方生产者带来经济效益,然而作为一个整体的社区却并未因此获益;相反,商人及某些独立生产者的经济获益在一定程度上加剧了社会经济的不平衡。传统村落在发展旅游后,有时会通过不断重塑其文化来满足游客的需求,这种改变大都受到经济利益或改善生计驱使,而非必要的文化适应过程。当然,在意识到旅游发展带来的村落原真性和文化变迁后,有些村落则表现出积极的管理与调适行为,如 Grunewald⑤ 发现巴西 2 个以农业为主的村落,发展旅游后,产业转型为向旅游者销售旅游纪念品、传统手工艺品等,当地居民还发起一项文化复兴工程,将其传统文化以商业化形式展示。还有如印尼某岛一个闭塞的村落,虽然发展了旅游,但当地村民仍通过历史上他们所掌握的与外国人交往的经验来理解游客,为游客营造了一个理想的原真文化空间,这不是对既有文化的被动接受;相反,目的地社区如果主动采取策略,不仅能够应对变化和革新,同时也延续和发展了传

---

① Medina L K. Commoditizing culture Tourism and Maya identity. *Annals of Tourism Research*, 2003, 30(2): 353-368.

② Besculides A, Lee M E, & McCormick P J. Residents' perceptions of the cultural benefits of Tourism. *Annals of Tourism Research*, 2002, 29(2): 3003-3319.

③ Kneafsey M. Rural cultural economy: Tourism and social relations. *Annals of Tourism Research*, 2001, 28(3): 762-783.

④ Cohen J H. Textile, tourism and community development. *Annals of Tourism Research*, 2001, 28(2): 378-398.

⑤ Grünewald R D A. Tourism and cultural revival. *Annals of Tourism Research*, 2002, 29(4): 1004-1021.

统文化①。

传统村落发展旅游后,可以通过对传统村落居民感知、居民态度的调查,研究旅游发展对目的地社区造成的影响。Lindberg 等②对居住于丹麦某岛的 4 个传统农业小镇居民进行调查,研究当地居民如何对旅游发展造成的影响进行权衡,由此评估居民对某一旅游项目或旅游发展思路采取支持态度的可能性。Lepp③对乌干达传统村落居民对待旅游的态度进行分析,认为积极的态度会导致旅游职业行为。Williams 等④比较了新西兰 10 个镇居民在感知旅游发展对社区造成影响方面的区别,通过聚类分析,将被调查者分为四类即 Lovers、Cynics、Taxpayers 和 Innocents,并指出在调查居民感知过程中应更注重被调查者的价值观,而非人口统计学特征。Tosun⑤通过调查土耳其小镇居民感知旅游发展造成的影响,提出了旅游业与地方融合发展的参与性模型。Brunt 等⑥总结了旅游发展造成的社会文化影响。Walpole 等⑦研究了生态旅游对印尼 3 个旅游发展程度各不相同的小镇在就业、利益分配、社区变化等方面造成的影响。Horn 等⑧应用定性分析方法,对比了新西兰 2 个乡村社区居民感知旅游影响的差异,认为研究社区历史和社会结构有助于更好地理解社区如何适应并管理旅游发展。

传统村落历史久远,生态环境较为脆弱,随时可能消失,如何保持其可持续发展是国外又一研究热点。如土耳其棉花城堡因奇特的石灰岩地貌和珍

---

① Erb M. Understanding tourists: Interpretations from Indonesia. *Annals of Tourism Research*, 2000, 27(3): 709-736(28).

② Lindberg K, Dellaert B G C, & Rassing C R. Resident tradeoffs: A choice modeling approach. *Annals of Tourism Research*, 1999, 26(3): 554-569.

③ Lepp A. Residents' attitudes towards tourism in Bigodi Village, Uganda. *Tourism Management*, 2007, 28(3): 876-885.

④ Williams J, & Lawson R. Community issues and resident opinions of tourism. *Annals of Tourism Research*, 2001, 28(2): 269-290.

⑤ Tosun C. Host perceptions of impacts: A comparative tourism study. *Annals of Tourism Research*, 2002, 29(1): 231-253.

⑥ Brunt P, & Courtney P. Host perceptions of sociocultural impacts. *Annals of Tourism Research*, 1999, 26(3): 493-515.

⑦ Walpole M J, & Goodwin H J. Local economic impacts of dragon tourism in Indonesia. *Annals of Tourism Research*, 2000, 27(3): 559-576.

⑧ Horn C, & Simmons D. Community adaptation to tourism: Comparisons between Rotorua and Kaikoura, New Zealand. *Tourism Management*, 2002, 23(2): 133-143.

贵的古城遗址被列为世界遗产地之一,Yuksel 等[①]运用半开放式访谈了解了当地旅游业相关的不同利益主体对一项旅游与保护规划实施的看法。二战后,西班牙地中海海岸旅游业由于发展迅速、缺乏规划,已产生一定负面影响;随后 20 世纪末,西班牙政府试图采用可持续发展和规划的方式使旅游发展更为合理化,以提高现有旅游地质量,并将尚未开展旅游的地区发展为新兴旅游目的地。Burns 等[②]对西班牙内陆村庄进行调查,表明吸取沿海旅游发展经验,这些由政府引导规划的、在新兴旅游目的地的旅游活动是可持续的。因此,传统村落旅游地的可持续发展需要用前瞻的、全面的、动态的眼光做好设计与规划工作。结合传统村落的生命周期,采取开发新的旅游吸引物、鼓励社区居民采取维权行动、多目的地联合品牌营销等措施。通过文献梳理,图 2.1 诠释了传统村落旅游发展的良性循环路径。即传统村落成为旅游吸引物后,可以积极适应或被动接受旅游带来的商品化,不论以哪种方式,都会带来传统村落的文化变迁,只有通过可持续的规划管理,传统村落的社会文化价值才能保留并世世代代传承下去,形成良性循环,可见有效的规划和管理意义重大。

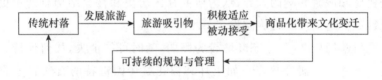

图 2.1　传统村落旅游发展的良性循环路径(自绘)

2.1.2　国内传统村落相关研究

国内对传统村落研究的学科视角有地理学、建筑学、旅游学、园林景观学、考古学、社会学和人类学等方向,体现了传统村落作为重要的研究对象,吸引了跨学科、多领域的兴趣。各学科研究并不能划分出严格的界限,应该相互学习,共同推进传统村落研究。通过对已有文献的梳理,以传统村落和古村落为内容的相关研究成果大致分为以下几个方面。

从空间视角来看,刘沛林、董双双最早将"意象"概念引入古村落研究,将中国古村落景观所具有的基本意象概括为:山水意象、生态意象、宗族意象、

---

① Yuksel F, Bramwell B, & Yüksel A. Stakeholder interviews and tourism planning at Pamukkale, Turkey. *Tourism Management*, 1999, 20(3): 351-360.

② Burns P M, & Sancho M M. Local perceptions of tourism planning: The case of Cuellar, Spain. *Tourism Management*, 2003, 24(3): 331-339.

趋吉意象;并比较了全国不同地理区域位置古村落的空间意象,开创了国内从感觉形式研究聚落空间形象的先河。总体来讲,传统村落空间研究又分宏观和微观两个视角。

宏观视角主要从国家、省、市域视角研究传统村落空间分布规律及其影响因素。从全国来看,佟玉权[1]以第一批646个中国传统村落名录为研究对象,得出中国传统村落在空间上呈明显集聚型分布,各省份间具不均衡态势,呈现出黔东南—湘西、皖南—浙西、闽西北、晋—冀—豫和滇西北等四个核密度高值区。传统村落距离中心城市较远,大多数村落处在40—100千米的直线范围内,其中贵州省是第一批名录中传统村落数量最多、密度最大的省份。刘大均等[2]以第一批、第二批1561个传统村落为研究对象,得出了和佟玉权相似的结论:全国传统村落空间分布存在滇西北、黔东南、中原以及皖南—浙西4个明显集聚区,核心边缘结构较为突出,云南、贵州是全国传统村落空间分布的热点区。康璟瑶等[3]对前三批传统村落空间分布进行GIS分析,也从地区人口、经济、交通和城市距离等角度进行了成因分析,结果与前几位研究者基本相似。因此,目前传统村落在全国范围内的空间分布已经达成四大集聚区这一共识。对具体省的传统村落空间分布,涉及贵州、湖南、河南等多个省份,同时也有对跨省份如浙皖陕滇,跨区域如淮河、黄河、湘江流域等传统村落空间分布的研究,相关分析从地形地貌、坡向、海拔高程等自然因素,民族构成、中心城市、人口、经济发展等人文条件探索了传统村落的空间分异影响因素及其作用,一般而言,相对封闭的区域环境、险要的地形、不太便利的交通以及相对落后的社会经济等因素,都为传统村落的保护提供了重要条件,成为影响传统村落分布的重要因素。

微观视角的传统村落研究则涉及空间形态、景观基因、空间秩序等。近年来也通过尝试研究数字化方式记录景观基因、对传统进行监测预警、定量化视角的街巷肌理解析等。

如何衡量传统村落所具有的价值?很多研究者都试图解决这一问题。目前研究多限于对传统村落价值定性的描述与说明,有学者也尝试建立一套

---

[1] 佟玉权.基于GIS的中国传统村落空间分异研究.人文地理,2014,29(4):44—51.
[2] 刘大均,胡静,陈君子等.中国传统村落的空间分布格局研究.中国人口·资源与环境,2014,24(4):157—162.
[3] 康璟瑶,章锦河,胡欢,等.中国传统村落空间分布特征分析.地理科学进展,2016,35(7):839—850.

综合的价值量化评估体系。早期有阮仪三等[①]对江南水乡城镇进行的初步研究,认为其具有丰厚的历史价值、优秀的规划与建筑艺术价值,在中国的经济发展史和文化上具有极为重要的地位。定性描述简洁明了易于理解,但可能存在主观性强、精确性与科学性不足等问题。传统村落价值的定量评价还处于探索阶段,它的综合价值评价涉及多层次、多目标、多内容,评价指标受考评者知识水平、认识能力和个人偏好的直接影响,很难完全排除人为因素带来的偏差。朱晓明[②]较早地对古村落评价标准进行探讨,构建了历史研究、基础评价、居民意向三大评估内容的评价体系,并以湖南岳阳张谷英村和永州干岩头村为例,通过专家打分、居民问卷调查等方式对其进行了简单定量评价。汪清蓉等[③]运用层次分析法和模糊综合评价法,构建了古村落综合价值评价的指标体系及其评估模型,并以佛山市三水区大旗头古村为例进行实证研究。杨丽婷等[④],把层次分析、线性加权和函数法相结合,构建了古村落保护与开发综合价值评价模型。

早期的传统村落研究吸引了大量遗产学家、文物专家和建筑设计人员的关注。进入21世纪以后,传统村落以其对旅游者独特的吸引力,为旅游业所开发利用,以旅游开发角度的研究越来越多,主要集中在开发原则、开发模式、开发措施等方面。早期有学者结合中国乡村古聚落文化特点和优势,提出开发利用原则。刘沛林[⑤]认为旅游业是古村落保护性开发的重要途径,提出了保护历史文化名村的具体措施。也有不少人开始对传统古村镇旅游资源保护及旅游开发面临的问题进行探讨,如古村落旅游客源市场与旅游者行为模式;古村落旅游开发的制度模式比较;根据体验经济时代对旅游及其产品的要求,以古村落旅游产品开发为例研究旅游产品体验化创新问题。阮仪三等[⑥]提出,要根据遗产保护的特殊要求,对古村落的旅游发展做出限制和规定,制定科学合理的规划,寻求遗产保护和旅游发展的"双赢"。其中对世界

---

① 阮仪三,邵甬,林林.江南水乡城镇的特色、价值及保护.城市规划汇刊,2002(1):1—4.
② 朱晓明.试论古村落的评价标准.古建园林技术,2001(12):53—55.
③ 汪清蓉,李凡.古村落综合价值的定量评价方法及实证研究——以大旗头古村为例.旅游学刊,2006,21(1):19—24.
④ 杨丽婷,曾祯.古村落保护与开发综合价值评价研究——以浙江省磐安县为例.地域研究与开发,2013,32(4):112—122.
⑤ 刘沛林.论"中国历史文化名村"保护制度的建立.北京大学学报(哲学社会科学版),1998,35(1):81—88.
⑥ 阮仪三,肖建莉.寻求遗产保护和旅游发展的"双赢"之路.城市规划,2003,27(6):85—90.

遗产西递、宏村的研究较多,也有对如北京爨底下古村落保护与旅游开发的探讨等。

对传统村落旅游发展的影响研究是热点之一。有学者比较研究了皖南多个古村落开发旅游对村落经济、社会文化和环境的影响指数。有研究调查西递村居民对旅游影响的感知,基本属于支持状态[①]。还有以西递、周庄和九华山为例,采用分层聚类法研究旅游地居民态度和行为,将旅游地居民分为四种类型[②]。相关研究还以浙江兰溪市诸葛、长乐村为例,通过主成分分析和聚类分析法研究了古村落居民对旅游影响的感知[③]。还有不少从人类学的角度关注少数民族如哈尼村寨旅游开发的社会文化影响。

传统村落旅游开发大都采用社区与旅游区一体化开发模式,发展旅游业是社区的共同目标,社区居民在享有发展的权利同时也要承担发展的义务。在实际的传统村落旅游发展中,由于不同社区社会经济背景不同,经营模式也存在差异。表 2.1 列出了部分文献中不同村落发展旅游的差异化经营模式。传统村落社区参与的利益机制包括利益表达机制、利益分享机制、利益补偿机制、利益激励机制等,其中研究涉及的相关理论有权利寻租、契约理论、权利网络关系、公地悲剧、增权等。

表 2.1　文献中不同村落的旅游发展模式及特点

村落名称	经营特点
贵州天龙屯堡	政府＋公司＋旅行社＋农民旅游协会,以公司为主导
安徽黟县西递村	村委会成立旅游服务总公司,采用村办公司形式自主经营,经营、管理人员等主要来自本村
安徽黟县宏村	外来公司
安徽黟县南屏村	外来公司
福建武夷山下梅村	多方主体成立股份制公司,社区占 10%
福建永定洪坑村	县政府成立股份公司,归县政府经营管理,体制落后,搞行政接待
广东大旗头古村	多个利益主体

---

① 章锦河.古村落旅游地居民旅游感知分析——以黟县西递为例.地理与地理信息科学,2003,19(2):105—109.

② 苏勤,林炳耀.基于态度与行为的我国旅游地居民的类型划分——以西递、周庄、九华山为例.地理研究,2004,23(1):104—114.

③ 黄洁,吴赞科.目的地居民对旅游影响的认知态度研究——以浙江省兰溪市诸葛、长乐村为例.旅游学刊,2003,18(6):84—89.

续表

村落名称	经营特点
广东丹霞山断石村	非少数民族、景区依附型乡村社区,采用契约主导型社区增权模式
云南雨崩村	以居民自组织的内生式方式为主导,采用"户均轮流"模式,排除外来势力介入,实现利益分配均等化
贵州郎德上寨	社区居民为主体,政府引导
贵州西江苗寨	政府主导成立公司,社区参与
山东河口村	社区(村两委班子)+公司(村办企业)+村民

来源:根据文献整理

通过对传统村落旅游发展的模式进行分析,可以发现:基于中国的特殊国情,传统村落的旅游发展过程受多种力量驱使。通过对目前已经发展旅游的村落进行梳理,按照介入村落旅游发展的主导力量,可分成政府主导型、政企合作、村集体与精英主导三种基本类型。学者通过对比分析不同发展模式下古村落旅游利益相关者、社区参与机制、社区增权和公共管理问题等,发现不同主导模式下的旅游发展对村落的影响是十分不同的。

政府主导型传统村落旅游开发通常由县级以上政府设立景区管委会,旅游收入主要来自门票,统一上交政府,然后再按照一定比例进行分配,村民一般可以获得部分门票分红,但数额较少。这种模式的缺点在于传统村落管理模式较为单一,即主要由政府出资进行保护,政府的管理思路相对保守,往往采取简单保护的策略,限制旅游活动类型,只能满足游客观光、住宿、吃饭等基本需求,同时村落保护和发展的资金来源较为受限,传统村落活力不高。

因政府和企业的合作方式有多种,旅游收益分配方式不同,因此政企合作型比较复杂。在合作方式上,如政府一次性出让土地,企业获得所有权、开发经营权和获益权;或者政府将土地长期租给企业,所有权仍归政府所有。一般而言都是由政府牵头,企业承包经营,所有权与经营权分离。如山东邹城市上九山村所在镇政府于2014年与邹城市上九山旅游开发公司签订合作协议,由该公司负责规划编制、村落修复和旅游开发等工作,其后该公司引进四川金盆地集团巨额投资①。在利益分配上也存在多种方式。以婺源李坑村

---

① 樊友猛,谢彦君,王志文.地方旅游发展决策中的权力呈现——对上九山村新闻报道的批评话语分析.旅游学刊,2016,31(1):22—36.

为例,婺源县政府将旅游景点30年经营权转让给江西金叶集团有限公司,并确定门票收益的分配方式为金叶公司66.5%,镇政府8%,李坑村委会4%,李坑全体村民19%,民居古建景点参观户2.5%[①]。安徽黟县宏村和西递两个村落在旅游开发过程中,分别采用了政企合作型和村集体与精英主导型。外来企业介入传统村落旅游开发的最大优势在于解决资金问题,但劣势表现在旅游收益分配上会出现不均,村落地方居民很难公平分享到旅游发展所带来的收益,从而可能产生抵触情绪,如社会排斥。

村集体与精英主导型传统村落旅游发展主要依靠村集体智慧或村中精英人才的带领,通过与上级政府、外来开发商的博弈与合作,在旅游发展中实现本村居民利益最大化。以非少数民族、景区依附型社区成功参与旅游的典范断石村社区为例,其通过旅游参与实践,自主创立并实施了基于契约平等的民主村治制度、土地征租制度和利益分配制度等,确保了村民真正参与到旅游决策、管理、经营和利益分配各个环节[②]。这种类型的古村落旅游发展,特别需依靠强大的社会网络,包括村内与村外的社会网络和村内居民之间的社会网络。该类型的优点在于社区作为一个整体参与到旅游发展中,社区有着共同的发展目标,易于调动居民积极性和公众参与,并且在利益分配上较为公平,居民话语权相应提高。三种模式的基本情况总结于表2.2;表2.3则以北京市为例,分为四种不同合作方式。

表2.2 以主导力量划分的古村落旅游开发类型

主导力量	典型案例	基本特点
政府(县级以上)	陕西党家村、北京爨底下村	政府主导,地方政府成立开发领导组,组织规划和行政审批,进行开发活动。
政企合作(资本)	安徽宏村、浙江乌镇	政府监督、企业介入开发管理,企业有经营权,有买断所有权之可能。
村集体与精英	安徽西递村、陕西袁家村	一般由村委会牵头,成立有限责任公司,村民入股较为普遍。

来源:根据文献和调研整理

[①] 郭华,甘巧林.乡村旅游社区居民社会排斥的多维度感知——江西婺源李坑村案例的质化研究.旅游学刊,2011,26(8):87—94.

[②] 王华,龙慧,郑艳芬.断石村社区旅游:契约主导型社区参与及其增权意义.人文地理,2015(5):106—110.

表 2.3　北京市传统村落保护的合作方式

合作方式	土地性质	代表村庄
政企合作	变更土地性质	密云区司马台古北水镇
政府主导	不变更土地性质	门头沟区爨底下村
企业主导	不变更土地性质	延庆区岔道古城
村集体主导	不变更土地性质	密云区吉家营村

来源：根据文献整理

2.2 传统村落与旅游活化

2.2.1 传统村落研究范式演进

以上阐明了与传统村落相关的国内外研究现状。中国很早就开始了将传统村落作为对象进行学术研究的传统，但规范的现代研究主要出现于 20 世纪。李红[①]等提出了村落研究的三个阶段及其对应的三种范式。

第一阶段，20 世纪 20 年代至 40 年代的"具体村落"阶段，该阶段的主要特征有：多以中国某一个具体村落为对象；以西方社会学、人类学为学术背景；目的是通过单个村落的映射来认识整个中国社会；中西方学者皆有参与。这一阶段的主要成果有 1925 年美国葛学溥所著《华南的乡村生活——广东凤凰村的家族主义社会学研究》、费孝通的开弦弓村、林耀华的义序和黄村、杨懋春的台头村和许烺光的喜洲等。这一时期的村落研究与 20 世纪二三十年代的"乡村建设运动"思潮分不开，并随着西学的渗入，采用社会学与人类学典型的结构功能主义研究方法与乡村社区研究范式。

第二阶段，20 世纪 50 年代至 70 年代的"超越村落"研究阶段，该阶段的主要特征有：批判性地指出第一阶段以村落为研究对象的局限性和不足，认为村民的实际社会区域范围要远远超出其所居住的地域范围，是由其"基层市场区域的边界决定"，应在更大社会范围内理解村落的社会结构。这一时期的研究主要以西方学者为主。如英国弗里德曼的《中国东南的宗族组织》

---

① 李红, 胡彬彬. 中国村落研究的三种范式——基于相关文献的初步反思. 光明日报, 2016-10-19.

和《中国宗族与社会：福建与广东》，美国施坚雅的《中国农村的市场和社会结构》。这一时期的村落研究是对第一阶段村落研究不足的反思，同时将研究范围从单一村落扩大到以市镇为边界或中心，但仍以社会学和人类学研究方法与思想为主。

第三阶段，20世纪80年代后兴起的多学科兼具共时性和历时性的村落研究阶段，该阶段主要特征有：有传统的村落民族志研究；有以较大范围地域为基础的村落研究；有共时性的社会结构研究，也有历时性的社会变迁研究；早期是历史学方法介入村落研究，后来建筑学、考古学、地理学等多学科竞相交融。早期主要成果有黄宗智的《华北的小农经济与社会变迁》《长江三角洲小农家庭与乡村发展》，杜赞奇的《文化、权力与国家》，之后建筑学和考古学则开始研究村落建筑空间和遗产保护问题，21世纪后，随着休闲社会的到来，旅游背景下的村落研究成为热点之一。可以预见，多学科多角度的村落研究将是未来研究的主要特点。

本书延续了第三阶段的研究范式，采用多学科、多视角切入，对传统村落的旅游活化进行梳理。从历时性角度看，将传统村落作为研究对象，全球化是目前不可回避的影响因素。正是在全球化影响下，传统村落的变迁速率加快，流动性增强，但又不能否认不同村落其自身变化轨迹的独特性。从共时性角度来看，中国传统村落所处地域差别明显、自然和人文环境条件迥异，已有研究表明那些交通不发达、传统文化积淀深厚、少数民族地区是传统村落的集聚地，地域差异导致村落类型和特征的差异。

目前文献多根据地理区域将传统村落进行分类，如云贵滇川少数民族区、浙江片区、皖南片区、西北片区、太行山片区、东南沿海片区等。地理分类是最简单也是最直观的一种分类方法，但其他分类依据值得商榷。虽然住房和城乡建设部关于《传统村落评价认定指标体系》（见附录1）对于传统村落的评价由村落传统建筑评价指标体系、村落选址和格局评价指标体系、村落承载的非物质文化遗产评价指标体系构成，但这一为便于统计所采取的指标并不能完全反映中国传统村落的复杂性。

2.2.2 传统村落之性质

传统村落在近十几年得到重视是历史发展的必然，是人类重新审视自我的体现。只有尊重文化和历史，才能更好地发展未来。那么，在进行传统村落活化之前有必要认清传统村落的本质，才能找出面临的问题，进而探讨解决与应对策略。传统村落的本质不能离开文化,从文化视角层层分析,其表层文化形态是可视的有形物质表象,如村落的建筑形态、村民的发式服饰等;中层的文化结构是产生表层文化形态的行为,如村民的生产活动、行为方式等;深层的文化内涵是导致中层文化结构的社会机制,如传统乡村社区及其机能、世代相传的乡规民约、农业社会的生存智慧等[①]。因此,本书将传统村落的本质属性概括为文化景观和乡村治理。

2.2.3 传统村落价值要素分析

中国的村落之所以能够延续千年,是因为其本身具有一套自给自足的体系,这也是中国两千多年封建社会小农经济的基本组织基础。这套体系包含了经济上的自给自足和稳定的社会文化结构,即它拥有一定的生产要素与生活资源,能够养活一定人口;具有较为稳定的社会结构和文化传统,能够满足居民一定的社会需求,同时本土的地方性知识和精神信仰得以传承。凡是能够延续下来的村落一定不是"贫穷"的,而是包含了丰富的实用价值。英国作为工业革命的摇篮和世界上城市化水平最高的国家之一,现在却将自己国家的特征定义为乡村[②]。近年来,提倡与呼吁保护传统村落的声音越来越多,明确传统村落的价值就是明确为什么要保护与传承它。

那么,这些价值要素是什么?朱启臻等多年致力于研究村落与传统村落的价值,提出"乡村价值论"[③][④],认为乡村价值包括了自然资源要素如山、水、生物、气候、矿产等,社会与文化资源要素如技术、知识、人口、组织、社会关系、风俗习惯、乡规民约、信仰等,乡村社区形成的产品要素如农产品、手工制作品、民间艺术、服务等。这三个层次的乡村要素综合起来形成了传统村落的价值体系。具体来讲,一个普通的农业村落是具有农业生产价值、耕地保护与利用价值、生态价值、社会文化价值的。农业生产价值决定了农民不能离土地太远,而是近地而居。土地及其农作物需要农民的细心照顾和经营。只有通过农业生产才能满足人类对食物的基本需求。村落的存在使得土地得以最好的保护和利用,相比用于工业、住宅、商业等其他用途,耕地和村落

[①] 孙华.传统村落的性质与问题——我国乡村文化景观保护与利用刍议之一.中国文化遗产,2015(4):50—58.

[②] 〔英〕伊恩·D.怀特著,王思思译.16世纪以来的景观与历史,北京:中国建筑工业出版社,2011.

[③] 朱启臻,芦晓春.论村落存在的价值.南京农业大学学报(社会科学版),2011,11(1):7—12.

[④] 朱启臻,鲁可荣.柔性扶贫.郑州:中原农民出版社,2017:108—109.

才是最天然的搭档。美国环境伦理学者罗尔斯顿直接将地球区分成三种环境：都市、农村与自然荒野，他认为这三种环境是缺一不可的。农村与其周围的土地形成了一个天然的自给自足的生态系统。村落是由一定地域内的人组成的共同体，文化维系力将他们凝聚起来，这种力量囊括了村民生产、生活的方方面面，如历史传统、风俗习惯、村规民约、生活方式、人情往来等等。村落具有传承历史、教化后代的功能。随着越来越多村落的拆除，村落共同体的消失，很多传统风俗、礼仪都消失殆尽了。有学者提出了乡村所具有的农业价值、腹地价值、家园价值，也是对新时期中国乡村的再认识①。需要指出，东亚西欧的乡村和北美大陆的乡村并不完全一样。东亚西欧有着悠久的历史和文化，其当代乡村都是建立在传统乡村基础之上；而北美大陆的乡村是移民乡村，两者的文化价值存在差异。

由于中国传统村落的空间分布具有很强的区域差异，因此不同村落的价值要素也存在很大不同。有些村落保留了大量传统建筑，如安徽西递和宏村、陕西党家村、北京爨底下村等，其单体建筑风貌及村落整体规划布局保留了传统风格并极具典型，村落整体视觉结构并未受到较大破坏；有些村落传统风貌几乎丧失，传统建筑消失殆尽，但保留了传统社会结构和大量非物质文化遗产资源，如陕西袁家村，其物质遗存不多，但在展示传统非物质文化遗产方面具有典型性。还有的村落则兼具以上两种特征，少数民族村落大都属于该类。如福建客家、云贵等少数民族传统村落，它们既保留了传统的村落建筑与格局，又延续着传统的社会文化结构和生活习惯。

2.2.4 旅游活化之价值导向

(1) 活化源起

从概念上追本溯源，"活化"一词最早来源于自然科学中的生物学、化学领域。人文科学早有借鉴自然科学的传统，如"演化""群落"等生物学用语早已被借用于人文科学研究，如产业演化、城市功能演化、社会群落等。在我国，将"活化"概念引进人文科学研究是近年的事情，它最早被引入"遗产活化"领域。随着遗产保护运动不断推进，我国台湾地区在20世纪90年代末首

---

① 申明锐，沈建法，张京祥，等. 比较视野下中国乡村认知的再辨析：当代价值与乡村复兴. 人文地理，2015，130(6)：53—59.

先提出"古迹活化"概念①②，随后出现对无形文化遗产活化的探讨。总之，对活化对象的研究经历了从点（建筑）到面（街区、城镇），从有形到无形再到二者兼具的发展过程。

目前相关活化研究中遗产的对象主要有历史建筑、工业遗产、大型考古遗址、历史街区、古城古镇、无形文化遗产等。就活化的内涵或原则，喻学才③认为遗产活化实际上是如何把遗产资源转化成旅游产品而又不影响遗产的保护传承。谢冶凤等④认为遗产活化有两个层面含义：针对有形文化遗产，活化是从静态保护到更新再利用的过程；针对无形文化遗产或重要历史事件，活化是一个有形化、可视化、重现或重演的过程。不管怎样，目前已经达成活化是实现遗产保护的有效途径这一观点。遗产活化的目的、途径方法多样。就目前文献来看，仅以目标遗产或遗产建筑及设施本身展开的文化遗产保护与利用模式，或许能够缓解文化遗产消亡的速率，却不能从根本上解决文化遗产持久保护和更有效地促进遗产地经济、社会、环境的可持续发展问题，而遗产活化是对文化遗产的一种整体性和可持续保护。

(2) 村落活化之内涵与方式

以上概括了遗产活化的对象和内涵。那么具体到村落遗产这一对象，何谓"村落活化"？村落活化的内涵是什么？那些散布在中国大地上的传统村落和生物群落有着很多相似之处。根据自然界优胜劣汰的法则，适应环境的生物群落得以存活下来，不适应者则被淘汰。同理，那些能够适应岁月变迁的村落也得以存活下来。朱莹等⑤从群落生长机理角度类比古村落，认为静态的福尔马林式的标本保护会让枯竭的群落成为一种假象的存在，使其最终成为区域新生长的阻碍，甚至无法根除的硬痂。正确地保护目标应是活化，只有通过活化机制，注入新的生命机能，才能让损伤的创面好转，硬痂软化，开启新一轮生命周期。因此，传统村落活化不是简单地修旧如旧，排斥改变，而应为其注入新鲜血液，开发新的功能，承担起历史和文化的活化石的责任，

---

① 陈信安.台湾传统街屋再利用之工程营建课题.朝阳学报,1999(4):209—221.
② 洪锦芳,古溪白,林士围,等.台南安平古迹之活化、再利用规划研究.人与地,2001(5):26—37.
③ 喻学才.遗产活化论.旅游学刊,2010,25(4):6—7.
④ 谢冶凤,郭彦丹,张玉钧.论旅游导向型古村活化化途径.建筑与文化,2015(8):126—128.
⑤ 朱莹,张向宁.进化的遗产——东北地区工业遗产群落活化研究.城市建筑,2013(3):110—112.

这样才能保证不被历史潮流吞并。

以上述传统村落活化的内涵为指导,传统村落活化的方式方法有哪些?在日本、韩国、我国台湾地区等传统村落保护实际中,运用较好并取得成效的是"社区营造"理论。日本社区营造专家宫崎清曾将社区营造分为人、文、地、产、景五大维度,很多社区营造措施都是按这五个方面进行,该理论认为社区营造能有效兼顾社区意识营造、传统文化保护、人居环境优化、产业经济发展等多方面优点,强调原居民参与村落保护利用,因而受到学者广泛关注。与此同时,近几年中国在传统村落保护策略上开始强调保护与利用并举,注重传统文化的延续与村落活力的激发。目前中国社区营造的组织模式正由政府主导的"自上而下"模式向由原居民主导、政府支撑及社会各界组织共同参与的"上下结合"模式转变。实践中,人们还认识到通过旅游对遗产、古村落进行活化的必要性。谢冶凤等提出了旅游导向型古村落活化,认为旅游导向型古村落活化由原住民自豪感的提升、有形文化遗产的活化、无形文化遗产的活化三方面构成,具有社区主导性、文化生长性和发展持续性的特征,提出生态博物馆是活化的有效途径之一,与本书提出的旅游活化有异曲同工之处。至此,传统村落旅游活化来源的逻辑解释见图2.2。本书提出的旅游活化是传统村落活化的其中一种方式,还存在其他活化路径,但旅游活化是以旅游产业作为村落发展的主导和激发产业,其中可能融合农业、加工业等其他产业类型。

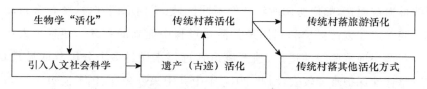

图 2.2　传统村落旅游活化的来源的逻辑解释(自绘)

(3)旅游活化之辨析、目标、原则与对象

在日渐兴起的遗产保护背景下,旅游活化理念可以解决多类遗产保护对象的利用和可持续发展问题。不论是历史街区、大遗址、线性(线状)遗产还是古村镇遗产,都可以用旅游活化方式对其进行管理和再发展。那么本书提到的传统村落旅游活化与其他类型旅游活化的区别是什么呢?

首先,关于历史街区旅游活化。历史街区是指保存了一定数量和规模的历史遗存,具有比较重要的景观价值和相对完整的城市历史肌理,至今仍有着一定城市功能和生活内容的城市地段①,如福建三坊七巷、重庆磁器口、北京大栅栏等。其城市功能主要以居住、商业、休闲、娱乐等为主,没有农业生产活动,一般不涉及第一产业;地方居民可能在其他地点从事其他生计活动,如公务员、教师等,旅游发展可以不依托居民的参与,而传统村落旅游活化对地方居民利益与生计的影响更大、更广泛。

其次,关于大遗址旅游活化。大遗址主要包括反映中国古代历史各个发展阶段涉及政治、宗教、军事、科技、工业、农业、建筑、交通、水利等方面历史文化信息,具有规模宏大、价值重大、影响深远特点的大型聚落、城址、宫室、陵寝墓葬等遗址、遗址群②。大遗址面积较大,其规划和管理工作通常需要政府部门参与。目前国内大遗址旅游活化一般采取遗址公园模式,如西安大唐芙蓉园、阿房宫遗址和大明宫遗址三大遗址公园建设。大遗址一般不存在居民居住问题或居民只居住在遗址外围,其中可能会涉及居民搬迁补偿、失地后的发展等。

最后,关于线性(线状)遗产旅游活化。国际上有《文化线路宪章》定义文化线路为:任何交通线路,或路上,或水上,或其他类型,有清晰的物理界限和自身特殊的动态机制和历史功能,以服务于一个特定的明确的界定的目的。另外遗产线路一词也用来指线状或线性遗产,具体来讲分为沟通型的如道路、河流和运河;分割型的如长城、战壕。线性遗产通常规模较大,具有一定空间距离,其价值展示在遗产线路旅游活化过程中非常重要,即遗产解说。对线性遗产而言,如何协调所涉及的不同区域、不同部门利益,整合多行动主体共同对遗产进行保护和利用是其活化过程中面临的难题。如京杭大运河作为我国一项重要线性遗产(遗产廊道),近年来做过多个分段分区域规划,实现整体性保护难度较大,因此 2017 年中共中央办公厅、国务院办公厅印发《关于实施中华优秀传统文化传承发展工程的意见》首次提出"规划建设一批国家文化公园",长城、大运河、黄河、长江被列入国家文化公园建设行列。国家文化公园战略的提出,是在跨区域、跨文化区层面上对文物和相关文化遗产进行协同保护传承利用新路径的中国方案,其中如何进行旅游活化需要进行宏观尺度上的战略选择和确定遗产元素尺度上的设计利用导则。

---

① 郭凌,王志章.历史文化名城老街区改造中的城市更新问题与对策——以都江堰老街区改造为例.四川师范大学学报(社会科学版),2014,41(4):61—68.
② 国家文物局、财政部关于印发《"十一五"期间大遗址保护总体规划》的通知.

综上所述，传统村落因尊重其场所精神的需要，必须进行活态传承，传承者可以是地方居民也可以是外来新居民。最后，旅游活化作为传统村落活化的方式之一，需要明确其目标、原则和对象。

就旅游活化目标而言，Castells[①]认为，空间逻辑正在分化成两种不同的形式，即流动空间（space of flows）与地方空间（space of places），而所有的地理学关系均若隐若现地根植于距离的阻力上。传统村落的"地方空间"存在于它所具有的历史文化传承上，即地理学所指的地方性，而"流动空间"在传统村落中则体现在全球化和旅游流影响下的社会和文化变迁中。因此传统村落的保护与活化恰好与这两种空间形式相对应。保护体现了地方空间，活化则体现了流动空间，由此形成两大派别即"原教旨主义的保护"与"发展主义的活化"。

保守主义者认为传统村落存在着空巢化、全面旅游化以及村民自身对于村庄及传统的冷漠。传统村落的空巢化确实是目前传统村落衰败的重要原因之一，但不能简单认定村民因认识不到村落价值，强迫他们回到村落。这就提出了一个问题：传统村落活化过程中吸引的是哪些人群？发展主义的活化认为自由迁徙是现代文明社会的基本要求，是现代国民的基本权利，因此不论城市市民还是村落居民，都有权利选择自己生活的地方。因此必须解放捆绑在土地上的宅基地和人才可以让传统村落真正活起来，物尽其用。目前来看，有些城市文艺青年和创业青年返回古村的行动试图在拯救这些面临衰败的古村，而政策和制度配套还稍逊于现实。关于第二点，保守主义者批判传统村落的全面旅游化，认为旅游破坏了传统村落。其实传统村落消亡的主要原因是现代化、工业化、城市化的席卷，如新农村建设的大拆大建，才造就了千篇一律的乡村景观。旅游并没有消灭古村，反而因为满足了城市居民的怀旧情感、满足了地方村民的经济发展需求而拯救了古村。虽然在古村落旅游发展中暴露出一些问题，但旅游本就是一个利益相关者相互博弈的过程，只有完善旅游规划和管理，才能解决旅游发展本身所存在的问题。虽然"原教旨主义的保护"与"发展主义的活化"观点不一，但其终极目标是一致的。传统村落旅游活化的目标是促进城乡交换、促进村落生产与生活方式的延续、促进村落形成自生的发展动力。结合中国目前传统村落旅游活化的案例，未来研究可先对传统村落进行分类，然后对不同类型村落的旅游活化方式进行总结。

---

① Castells M. *The Rise of the Network Society*. Cambridge，MA：Blackwell，1996.

本书认为,传统村落旅游活化的原则如下:不是简单的旅游开发;不是门票经济;不是形态上的修旧如旧。传统村落的旅游活化需恢复村落的生产与生活功能,适量导入现代旅游功能,实现传统与现代二元观的结合。传统村落旅游活化强调"自下而上",即社区和公众主动参与管理。活化是对更新、再生、可持续再生等思想内涵的深化和外延的拓展。过去的出现,缘于农民的农业生产和乡村生活;现在的空心化和旅游化,缘于农民自由迁出和外来访客的怀旧游览;未来的旅游活化,将会依赖村民与市民的空间共享、社区再造和新乡居生活方式的形成。

将传统村落的价值体系嵌入旅游活化过程,则可以解释传统村落旅游活化的具体活化对象,即旅游介入后,传统村落的哪些要素得到了活化?从经济学角度讲,旅游是一种产业活动;从文化角度讲,旅游是一种后现代生活方式,为东道主和游客的交流提供土壤。旅游产品的生产和消费是同时进行的,游客收获旅游体验,东道主地区则受到旅游活动不同程度的影响。上文指出了传统村落所具有的自然资源要素、社会文化资源要素,旅游可以通过将自然资源要素中传统的农业生产方式、传统手工技艺与旅游观光产品、旅游纪念品、旅游餐饮、特色美食相结合,再现村落的农业生产价值;通过将社会文化资源要素中淳朴的风俗习惯、良好的人际关系、村落的教化功能等与旅游度假、体验产品相结合,让游客体验村落传统的节庆活动、和谐氛围,再现村落的社会文化价值,借此达到旅游活化的目的。

总之,研究所秉承的价值观即是承认传统村落所拥有的价值要素,并以维系和传承这些价值为根本原则进行旅游活化。

2.3　思想与理论基础

对于第一章提出的研究问题,需要具有较强的历史地理时空感、综合把握规律的能力、敏锐的洞察力及深厚的人文情怀。要回答这些问题,需要踏实扎根传统村落居民,采取面对面的方式,倾听他们内心最遥远的呼喊声。毕竟传统村落活化的最终目标是村落同居民一起长久地存在下去。通过文献阅读与梳理,本书研究的理论基础如下。

2.3.1　可持续之理论体系

可持续作为一种理念,自提出后被广泛应用于各学科的理论与实践中,在某种程度上已上升至哲学层面,代表了实践的目标和价值导向。不论是以城市还是乡村为对象的研究中,均发展出了各自以可持续理念为导向的相关理论。

受工业化、全球化和近代以来关注城市发展这一主流价值观影响,城市问题最先引起了世界各国的重视。第二次世界大战后,西方国家的内城发展出现了一系列问题,涉及人口、交通、居住等方面,导致很多大城市的内城逐渐衰败,相应地,城市规划中涌现出一系列更新与再生、可持续再生的理论。从国家层面上呼吁新的城市发展政策,于是便有了20世纪50年代的战后重建(reconstruction)、60年代的内城振兴(revitalization/rehabilitation)、70年代的城市更新(renewal)、80年代的城市再开发(redevelopment)、90年代以来的城市再生(regeneration)等潮流,其变化特点在于从早期的物质更新转向注重社会和经济发展,从政府主导转向公私合作。以德国为例,在经历战后一段现代化冲击和旧城改建的盲目时期后,目前已回到了保护性更新的理性道路上。二战后德国以车行为主的街道模式、受包豪斯风格(德文 Bauhaus 的音译,是对现代主义的另一种说法)影响的建筑和现代化的城市景观,成为导致城市缺乏品质、丧失个性和特色的主要原因。随后,德国以"批判性重建"理念来实现历史城镇和历史街区的复兴,它不是对传统的复制和对现代的反抗,而是通过现代与传统的完美融合来提升历史性城市景观,创建一个既不失现代化和国际化,又体现典型特征的城市区域。

伴随着城市的繁荣,很多国家的乡村地区一度经历了贫困、衰退和人口外流。如何对乡村进行支持和复兴,成为各国探讨的热门话题。最早出于整个世界乡村的扶贫减贫,提出了可持续生计理论。长期以来,世界银行一直在寻求提升世界范围内特别是生活在乡村地区贫困人口生活质量的有效策略。近一个世纪以来,全球乡村地区的主要经济活动仍然是种植业、畜牧业和渔业等传统农业活动,虽然近几年来在改善土壤质量、新技术应用和提升土地生产水平等方面有一些成果,但这些策略方法对减贫效果不大。

二战后,世界发达国家乡村发展经历了三个主要思潮的影响。第一个是20世纪50年代盛行的人口科技论,该理论认为乡村人口的增加、农业技术的提升可以提高农产品产量和农业生产力。第二个是20世纪60年代随着对乡村地区收入差距增加的忧虑,政治经济学理论中所提倡的平等工作机会和收入以及进行适当的社会改革成为引导乡村发展的主要思想,但它没有考虑到乡村居民的生计活动并不都来源于农业,忽视了乡村贫困人口的生计多样化。第三个是20世纪70年代提出的小型农场论,即重视基于小尺度农场的农业活动,在政策制定及政策鼓励方面予以支持,成功提高了农业生产积极性,20世纪80年代初我国实行的家庭联产承包责任制也是受这一思潮影响,在随后近20年它一直在乡村发展哲学中占据主流地位。即便如此,从20世纪80年代开始,特别是发展中国家的乡村人群收入差距越来越大,基于小尺度农场的理念虽然提高了农民生产积极性,但在减贫方面并没有起到什么效果,社会不平等和收入分配不均衡日益突出①。

因此,在1980年,也就是在可持续发展理念提出的同一年,可持续生计理念提出,该理论的优点在于整体地、全面地考虑了乡村贫困人口减贫和乡村发展问题。一直以来,该理论主要应用于农业和乡村领域②③,它并没有统一的定义,不同政府、组织和个人对其有不同的理解,其中以Chambers和Conway④提出的可持续生计概念为基础,1999年由英国国际发展部门(DFID)提出的可持续生计框架成为目前广泛流行和认可的能够较好体现生计本质的框架(见图2.3)。

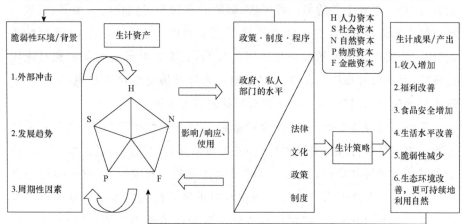

图2.3 DFID的可持续生计分析框架
来源:何仁伟(2013)

---

① Ho P, Eyferth J, & Vermeer E B. *Rural development in transitional China: the new agriculture*. London: Frank Cass Publisher, 2004.

② FAO. *Livelihood Support Programme: Improving support for enhancing livelihoods of the rural poor* (No. GCP/INT/UK/803). Rome: FAO, 2002.

③ Start D, & Johnson C. Livelihood options? The political economy of access, opportunity and diversification (No. ODI working paper 233). London: ODI, 2004.

④ Chambers R, & Conway G R. Sustainable rural livelihoods: Practical concepts for the 21st century. (No. IDS Discussion Paper 296). Brighton: IDS, 1992.

DFID 的可持续生计框架以人为中心,摆脱了过去以资源、产业为核心的可持续发展方法,该框架包括以下五个主要部分:(1)脆弱性背景:包括外部冲击、发展趋势和一些周期性因素。脆弱性对于可持续生计非常关键,会影响生计资本和生计选择。不同群体抵抗脆弱性的能力也不同。(2)生计资本(资产):是指贫困人口所拥有的基本条件,包括自然资本、物质资本、社会资本、人力资本、金融资本。(3)转变过程中的组织和过程:组织属于硬件,包括公共及私人部门的水平;过程是软件,主要指政策、法律、文化、制度,这一点对于塑造生计资本和生计结果至关重要。(4)生计策略:是指维持家庭生存生活的主要经济活动。(5)生计结果:反映了生计策略实施的最终结果,它可以用来评价生计的可持续性,包含收入增加、福利改善、食品安全增加、生活水平改善、脆弱性减少、生态环境改善等非常重要的一些评价尺度[①]。

虽然二战后世界旅游业进入蓬勃发展阶段,但旅游作为扶贫减贫的重要策略受到各方重视是近二十年的事情,并且早期是从发达国家开始,继而又传播到发展中国家。由于早期基于乡村旅游的产业实践和研究重点集中在产品、规划、市场营销和影响,较少考虑乡村居民的生计和减贫问题,因此,近几十年来,世界范围内兴起将乡村旅游作为乡村扶贫减贫的重要途径策略[②③]。以 2002 年世界旅游组织(UNWTO)在约翰内斯堡召开的以"旅游和减贫"为主题可持续旅游峰会为标志,强化了旅游的扶贫减贫功能。从 20 世纪 50 年代开始,发展理念经历了现代化、依附理论、替代性发展和可持续发展四个阶段。乡村发展也经历了以技术为中心到以人的减贫扶贫为中心的过程。同样,旅游发展也经历了 50 年代的拥护期、60 年代的警惕期、80 年代初的调整期和 90 年代初基于知识的新时期[④]。旅游发展的四个时期恰好对应了旅游减贫发展理念的四个时期,旅游发展如今也已经进入了对应的可持续发展阶段,图 2.4 表明了旅游发展和可持续生计之间的关系。同时,还应注意

---

① Scoones I. Sustainable rural livelihoods: A framework for analysis (No. IDS Working Paper 72). Brighton: IDS, 1998.

② Page S, & Getz D. *The business of rural tourism: International perspectives*. London: International Thomson Business Press, 1997.

③ Hall D, Kirkpatrick I, & Mitchell M. *Rural tourism and sustainable business*. Clevedon, England: Channel View Publications, 2005.

④ Jafari J. Research and scholarship: The basis of tourism education. Studies, 1990, 1(1): 33-41.

到旅游与乡村人口维持生计的传统行业（种植业、渔业、畜牧业）的差别，即旅游存在生产与消费的特殊性，传统的旅游学理论和可持续生计框架不能指导旅游业的发展以达到乡村可持续发展的目的，因此，Shen 等[①]提出在发展背景下将旅游和可持续生计理论结合起来，将其从农业领域扩展到旅游业，并提出基于旅游的可持续生计框架模型（SLFT），如图 2.5 所示。

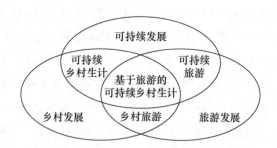

图 2.4　可持续发展、乡村发展和旅游发展之间的关系

来源：Shen et al(2008)

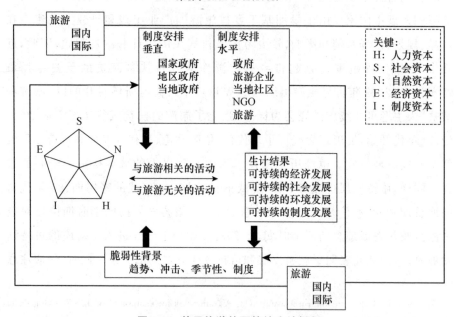

图 2.5　基于旅游的可持续生计框架

来源：Shen et al(2008)

---

① Shen F, Hughey K F D, Simmons D G. Connecting the Sustainable Livelihoods Approach and Tourism: A Review of the Literature. *Journal of Hospitality & Tourism Management*，2008，15(1)：19-31.

该可持续旅游生计系统是以旅游为背景环境,包括脆弱性背景、生计资本、旅游活动与非旅游活动、制度安排及生计结果,这些因素相互整合、影响和再造。背景环境包括国际和国内游客市场,不同市场导向会对旅游目的地产品及社区塑造产生影响;旅游活动与传统农业生产活动不同,旅游是强调社区参与的,并且是一个动态的发展过程。

生计资本包括自然资本、经济资本、人力资本、社会资本和制度资本。自然资本是指用来服务生计目标所需的自然资源。经济资本是指为达到生计目标所需的基础设施、产品和金融资源。人力资本是指能够使人们使用不同的生计策略从而达成不同生计目标所需的知识、技能和能力。社会资本是指达到生计目标所需的社会资源。制度资本是指人们为达到良好的生计结果参与旅游市场、旅游利益分配、政策决策与参与决策的途径和可能性,这也是基于旅游的可持续生计框架与 DFID 所提框架的不同。

制度安排包括纵向(垂直)和横向(水平)的制度安排,以保证旅游系统的和谐运行。纵向制度安排包括与旅游相关的政府部门,如国家级、区域级和地方级政府;横向包括旅游者、外部投资者、非营利性组织等,他们共同改变了地方的制度结构,塑造不同的地方制度关系,影响地方法律、政策、规范规则的制定。

脆弱性背景包括冲击、季节性、趋势和制度。冲击包括那些影响人类健康的疾病如流感、自然灾害如地震、经济活动如经济危机、冲突如恐怖袭击和战争。冲击通常来自旅游市场外部,一般不可预知,其结果对宏观和微观生计均影响很大。在某些情况下,冲击不完全是消极的,对旅游目的地来讲可能形成新的机会,如地震所形成的堰塞湖会成为新的旅游资源,增加了目的地旅游吸引物的种类。季节性主要指旅游市场的季节性,它会影响旅游产品的价格、就业人数和游客数量,是大部分旅游目的地面临的重要挑战。趋势主要包括国内和国际经济、资源、人口和旅游市场趋势,一般可预知,其影响也不完全是消极的,如低碳和可持续理念会促进生态旅游的发展。制度包括正式和非正式制度,对旅游生计来讲,不合理的制度安排会增加脆弱性,所以制度被考虑成影响脆弱性的一个因素。脆弱性会随时发生变化,一般来讲,在国家和区域尺度上,趋势比冲击、季节性和制度的影响力大;在地方尺度上,季节性是直接的风险,制度有时也会危害地方旅游发展,趋势和冲击相对来说影响较小。考虑到生计方式的多样化,有时对家庭/个人尺度上有危害的因素并不影响目的地尺度的旅游发展,反之亦然。由于个人生计结果和旅游产业发展之间存在相互作用,因此,在分析旅游目的地的可持续生计时,四种脆弱性因素均要考虑。

生计策略是人们为达到其生计目的而进行的活动,包括与旅游相关的活动和非旅游相关活动。在旅游目的地,相比传统乡村,地方居民的生计方式和收入来源是多样化的,生计组合方式包含与旅游相关和与旅游不相关的活动。与旅游相关的活动包括直接或间接的就业、服务以及为旅游目的所进行的农业活动。在没有发展旅游的乡村,目的地居民生计主要包括与旅游不相关的活动,发展旅游之后,部分不相关的活动可以转变成与旅游相关的活动,因为要综合衡量居民生计,因此这两种活动都要考虑。

传统的生计结果主要以个人和家庭尺度来衡量。然而,在旅游背景下,乡村旅游产品的形象是基于地方社区整体,而不仅仅是单个个人或家庭。因为可持续性必须包含在生计结果中,因此可持续的个人生计和可持续旅游发展之间必须达到协调统一,即从长期来看,可持续生计必须既能满足个人或家庭的生计目标,也要满足地方旅游发展,即旅游要为地方居民提供长期稳定的收入来源,维持地方社会文化的稳定,保护地方资源和环境,制度上最大化保证地方居民参与旅游决策和实施的权利。总之,要维持一个可持续的目的地必须同时考虑生计可持续性和旅游可持续性,Shen等提出的基于旅游的可持续生计框架在理论上具有创新性,它避免了扶贫旅游(pro-poor tourism)从旅游出发的单一视角,提供了一个整合旅游和可持续生计关键原则的综合性视角,并将旅游作为乡村发展的生计策略。

同理,基于旅游的传统村落活化的终极目标是实现传统村落社区层面的可持续发展。可持续性概念从1987年流行以来一直是社区发展的核心概念框架,早期它反映了长期以来环境保护对工业化的回应;近年来,可持续也被赋予了更多的社会和文化内涵。尽管社区可持续的概念得到了认同,但2005年后,社区恢复力这一替代性概念开始引起人们的关注。可持续强调保护和缓和,而恢复力强调对变化的适应,更具有实践可行性。可持续和恢复力两个概念既有共同点,也存在差异性。表2.4从假设、研究焦点、方法和目标四个维度列出了两者的共同点;表2.5从假设、目标、研究焦点、方法和评判五个方面阐释了两者的不同点。表2.6列出了旅游社区可持续和恢复力的不同判断指标。即使这样,仍有学者将可持续和恢复力所代表的含义不加区分。

表 2.4 可持续和恢复力的相同点

维度	相同点
假设	人类社会和自然环境的协调是可能的
研究焦点	社会和生态系统;气候变化的影响;全球化;社区发展
方法	以气候变化的政策和行动(特别是管治)为主;教育和学习作为补充手段
目标	系统的生存性、安全和福利(社会和生物多样性);地方感和归属感(遗产)

来源:Lew et al(2016)①

表 2.5 可持续和恢复力的差异

维度	可持续性(sustainability)	恢复力(resilience)
假设	稳定和平衡是常态	非线性和不可预知的变化是常态
目标	文化、环境和经济协调;代际平等;公平	战略的、动态的自组织系统;学习制度和创新的文化
研究焦点	经济发展带来的社会环境影响;减少浪费、节约资源;碳足迹	自然和人类灾害管理;气候变化的影响;社会资本和网络
方法	智慧资源管理;循环、绿色;行为教育;缓和变化带来的冲击	减少脆弱性,增强变化带来的物质和社会能力;创新教育;系统反馈和表现
评判	定义过于简单并高度政治化	没有强调引起社会和环境变化的原因

来源:Lew et al(2016)

表 2.6 旅游社区可持续和恢复力的判断指标

维度	可持续性	恢复力
地方政府层面	节约与保存社区资源;通过有效的环境保护、文化传统保存政策和项目	建立社区应对变化的能力;创新旅游发展和营销,共享教育和资源
环境知识层面	维持传统资源利用方式;通过维持地方传统的资源利用、生产活动方式	创造新的环境知识;居民和游客共同参加环境教育活动,创新利用地方传统知识
社区福利层面	保留文化传统;加强基于自然资源的传统生计方式	提升生活条件和就业;减少失业和人口外流,增加就业率
社会支持系统层面	提供社会福利和公平;特别是老人、贫困和非特权群体	支持社会合作;不同组织的参与合作

来源:Lew et al(2016)

在明确了可持续和恢复力的异同之后,可以发现,传统的可持续观点已经不能适应后现代社会旅游背景下的社区发展,必须将可持续和恢复力两个

---

① Lew A A, Ng P T, Ni C, et al. Community sustainability and resilience: similarities, differences and indicators. *Tourism Geographies*,2016,18(1):18-27.

概念之内涵融合起来共同指导旅游社区的可持续发展。以该综合视角来看，基于恢复力的旅游社区可持续性应包含社会、治理、经济和生态四个维度的可持续，表2.7将这四个维度16个衡量因子及其定义列出。不难理解，基于这四个维度的社区发展是一种可持续的、公平的、有自我恢复力的发展方式。现实中，社会恢复力维度体现在社区居民在有困难时能够随时寻求帮助和支持，居民强烈感觉到自己是社区成员的一分子，社区居民关系融洽等。管治恢复力体现在地方领导工作出色、能够迅速应对变化带来的挑战，问题来临时不必等到国家为社区做决定就可以找到解决之策。经济恢复力体现在居民有多种经济收入来源，并且社区所售产品主要来自社区本身并由个人或企业在社区内部进行消费。生态恢复力表现在社区的道路、商业设施在建设过程中最大限度减少对自然环境的破坏，采用生态设计方法。

表2.7 弹性所定义的可持续性的四个方面

维度	衡量	定义
社会	信任	社区层面上由社会资本组成，存在于社区成员及亲属之间
	网络	个人是网络的节点，网络体现了人与人之间的互动关系
	学习	网络内部通过对话、接触和解决冲突等共同活动促进知识积累
	公平	有平等的机会共享资源获取和利用途径
	知识共享	交换已有信息可以建立信任
治理	灵活性	有着能够不断学习并且应对变化的管理结构
	自组织	地方的组织行为能受到法规、资助、网络和合作学习的支持
	地方控制	地方居民有对社区资源进行处置的权利
	权利共享	地方居民、国家和其他一些组织能够联合协商决策事务
经济	多样化	一系列多样化的获取收入的方法
	替代性生计	可以产生非消费性行为的生态化可持续生计
	防止漏损	减少收入的外流
	经济增长	在地方权力控制下的经济增长
生态	自然性	最大程度减轻人类活动对景观的破坏
	基础设施	通过建成环境人类对景观产生影响
	多样化	生物多样性

来源：Holladay & Powell(2013)[①]

---

① Holladay P J, & Powell R B. Resident perceptions of social-ecological resilience and the sustainability of community-based tourism development in the Commonwealth of Dominica. *Journal of Sustainable Tourism*, 2013, 21(8): 1188-1211.

近年来，中国借鉴西方国家的城市再生理论，发展了如有机更新、可持续再生等理论以指导城市规划实践工作。特别是在对历史街区如北京南锣鼓巷[①]、福州三坊七巷、成都宽窄巷子等的保护中，再生理论得到了充分的实践。同理，要振兴作为文化遗产的传统村落，需要一套理论指导，但目前上述理论仅提供了一套原则与思想，并较多地应用于城市研究中，缺乏对传统村落保护与活化的理论探讨，城市规划中的这些理论为本书研究提供了思考的土壤。目前除物质更新之外，传统村落的"活化理论"应该实现由对单体建筑保护向整体环境保护、由静态保护向动态保护的转变，由对物质空间的保护向回归村落记忆、村落文化认同的转变。有学者总结了目前中国部分传统村镇更新模式（见表2.8）。目前，基于旅游的可持续生计理论的应用并不多，它是以人为中心，动态的、全面的，以可持续性为根本目的的理论，架起了旅游和可持续研究的桥梁。但该理论框架的可行性还有待实证检验，可持续生计结果还需要建立指标来衡量。本书研究吸收了基于旅游的可持续性生计的分析框架，并将其要素打碎融合于后文所建构的模型中。恢复力是对传统的可持续概念的发展，传统村落旅游活化结果的好坏需要综合使用可持续性和恢复力两个概念来衡量。这两个概念为传统村落旅游活化成功与否提供了基本的原则与评判标准。

表2.8　传统村镇更新模式总结

保护更新模式	案例	基础条件	操作方式
"修旧如旧"式更新以带动旅游发展	乌镇	拥有较为完整的古镇传统风貌；在旅游发展成熟之前，受到较少的城市发展干扰。	重建和恢复部分建筑、古迹，拆除不适宜建筑；综合环境治理满足原住民的现代生活和旅游功能。
以发展促进保护的周边带动式更新	束河古镇	拥有足够的启动资金；拥有完善的公共政策以保证合理的利益分配格局。	在村落周边设置更新启动区，承担拆迁安置、廉租房建设、出租以接纳城市发展要素；制定公共政策以均衡开发所得的经济利益，建立村落改造基金。

---

① 吕斌.南锣鼓巷基于社区的可持续再生实践——一种旧城历史街区保护与发展的模式.北京规划建设,2012(6)：14—20.

续表

保护更新模式	案例	基础条件	操作方式
满足城市旅游消费的单功能植入式更新	西递宏村	村落周边拥有较好的自然环境;村落本身拥有较为典型的文化遗产。	在村落中植入旅游项目,整合周边自然资源和村落文化资源;将乡村旅游和遗产旅游相结合,以绑定村落发展和城市旅游消费。
承接城市技术输出的产业植入式更新	广州小洲村	村落拥有独特的产业发展基础;村落周边拥有相关的产业发展环境。	利用村落历史文化资源,渐进式地植入文化产业;由艺术工作者自发地进行文化集聚和传播。

来源：整理自吴晓庆等[①]

2.3.2 地理学空间与地方之理论体系

地方理论代表了一整套庞大的理论体系,它以现象学为哲学背景,围绕地方这个特殊对象和概念,包含了诸如地方性、地方感、地方精神、地方再现、地方依恋等一系列概念,其中地方感思想被认为是影响世界的十大地理思想之一[②]。地方理论是与全球化相对,在全球化所造成的区域同质性逐渐增强的背景下发展起来的,是中层理论或微观理论。地方本身具有相对性,例如,相对一个国家,每一个城市可以看作一个地方;相对一个城市,每个街区可以看作一个地方。地方不仅包含了空间范畴,还包含了空间所承载的社会和文化范畴。人文地理学的核心研究主题是空间,地方理论的出现使人们对空间结构的认知产生了革命性转变,代表着空间研究的社会文化转向。地方和空间联结后,形成了以地方文化为基础的空间结构形态,强调空间发展的地理依存性、地方意象性、消费地域性、地方符号性等文化特征,蕴含了丰富的地方文化内涵、集体记忆和共享价值。在地方理论导引下,空间还在具象与抽象、人文与客体间不断进行重构与再生,重塑了区位观、形象观、产业观、遗产观、规模观等[③]。纵观地方概念所包含的理论体系,其中地方性(locality)和地方感(sence of place)是人文地理学研究地方理论的两大核心视角,在关于人与地域、人与环境的学术探索中占据重要地位。

（1）地方性

地方性最初是一个现象学词汇,与邻里(neighbourhood)相对应,Appa-

---

① 吴晓庆,张京祥,罗震东.城市边缘区"非典型古村落"保护与复兴的困境及对策探讨——以南京市江宁区窦村古村为例.现代城市研究,2015(5):99—106.
② 〔美〕苏珊·汉森编.改变世界的十大地理思想,肖平等译.北京:商务印书馆,2009.
③ 张中华,张沛.地方理论活化与城市空间再生.城市发展研究,2011(11),95—99.

durai 指出它作为一种价值观和维度,能够在邻里社区中体现①。社区的运行依赖着传统习俗、共同事务、知识变迁等社会机制,在这个过程中会产生一些地方主题物,如一些意识形态和主观性理论,这就是地方性。地方有了地方性后,这些"性"表现在哪些方面呢?又是如何被生产出来的?

地方性知识可以很好地说明地方性是如何保留并延续。地方性知识这一术语源于美国阐释人类学家克利福德·格尔茨阐释人类学论文集的名称,他并没有给出具体内涵。根据格尔茨《地方性知识》和《文化的阐释》等著作,可知地方性知识有两层含义:其一,具有文化特性的地域性知识,也就是本土知识;其二,反对关于文化的研究采用自然科学的实证主义研究范式,主张对文化的研究采用人文科学的阐释主义研究范式。

地方性生产一词较早也由 Appadurai 针对社区提出。他认为,每个社区(或邻里)都有着产生一些地方事物的社会机制,如传统习俗、共同任务等,并且指出节事活动可以促进地方性的生产,将地方性表达出来。在全球化驱动下地方边界在弱化,但通过地方性的生产可以加强地方的重要性。

表 2.9 四种看待地方性的视角

视角	代表人物	观点
纯粹主观视角	以段义孚与爱德华·雷尔夫的人文地理学为代表	地方是一个主观性的建构与存在,是一个意义与情感的集合。
空间生产视角	以戴维·哈维、亨利·列斐伏尔为代表	侧重地方性的生产过程中物质性的社会经济过程与社会关系的作用,强调资本和权利对地方性的影响。
话语视角	以福柯为代表	话语与表征如何建构出有关地方性的知识,用新建构出来的符号或表征代表地方性。
动态视角	以安东尼·吉登斯的结构化理论以及皮埃尔·布尔迪厄的社会实践理论为代表	地方的意义是在社会成员积极的实践中被不断重构、再生产与再体验的,地方性本身绝非僵化而一成不变的。

来源:钱俊希(2013)②

---

① Appadurai A. The production of locality. In A. Appadurai (Ed.), *Modernity at large: Cultural dimensions of globalization* (pp. 178-199). Minneapolis and London: University of Minnesota Press, 1996.

② 钱俊希.地方性研究的理论视角及其对旅游研究的启示.旅游学刊,2013,28(3):5—7.

目前国外对地方性的理解主要有表 2.9 所列四种视角。从地理学视角来看,地方性代表了一个空间范围区域所具有与其他空间区域不同的特征,在文化地理学中被称为"文化区",文化区表达着自身独特的文化逻辑、动力和活力[①],有着自身的独特地方性。近期关于地方性的研究多集中在现代化、全球化影响下的地方性流失问题。Oakes[②] 将现代化影响地方性丢失的现象称为"现代化的悖论"。旅游作为一种现代化的生活方式,必然会对地方性产生影响。目前国内已有对旅游与地方性关系的研究,主要集中在旅游对地方性的影响、旅游者的地方性感知、旅游发展中地方性变迁或重构、地方性价值挖掘和应用等方面。其中,旅游对地方性的影响是学者争论的热点,以里茨尔为代表的学者认为旅游削弱了地方性[③],也有学者认为,旅游对地方性的影响具有双面性:既有稀释原生文化的一面,又有生成多元文化的一面,即旅游具有再造地方性的功能[④⑤]。实际上,基于旅游现象本身的复杂性及外在环境的差异,旅游对地方性的影响机制十分复杂,其结果的消极与积极不能一概而论。

(2) 地方感

如果说地方性更多地强调了具体空间所具有的文化特征,那么地方感则体现了生活于具体空间中人与空间的相互关系,是人文地理学人地关系的重要见证。地方感的相关研究较地方性稍多,从段义孚的 Topophilia 开始,人文地理学地方感的研究一直没有中断。地方感是一个复杂的多维结构,内在构成维度存在不同观点,国外研究中一般将其划分为 2—6 个维度,相关概念包括:地方依恋、地方认同、地方依赖、地方意义、满意度、归属感、安全感、根植性、社区情感、邻里关系、环境与健康、社会联系、对地方的适应性等。这些概念内涵间存在一定交叉,可见地方感是一个动态变化的包容性概念。朱竑

---

① 〔美〕吉姆·麦奎根. 文化研究方法论,李朝阳译. 北京:北京大学出版社,2011.

② Oakes T. Place and the paradox of modernity. *Annals of the Association of American Geographers*, 1997, 87(3): 509-531.

③ 〔美〕乔治·里茨尔著. 虚无的全球化,王云桥、宋兴元译. 上海:上海译文出版社,2004.

④ 孙九霞,王心蕊. 丽江大研古城文化变迁中的"虚无"与"实在":以酒吧发展为例. 旅游学刊,2012,27(9): 73—81.

⑤ Gibson C, Davidson D. Tamworth, Australia's 'country music capital': place marketing, rurality and resident reactions. *Journal of Rural Studies*, 2004, 20(4): 387-404.

等[①]认为地方感总体上包含地方依恋与地方认同两个维度,包含个体对地方的情感、感知、认知、行为、功能等多方面意义;地方依赖是地方依恋的一个维度。地方感还存在层次,由低到高主要有:知道所在地方、对地方有归属感、对地方有依恋感、愿意为地方牺牲[②]。目前国内国外研究者在地方感的维度确定上并没有达成一致,导致地方感研究中所涉及维度的多样化。此外,地方感的形成受个人因素、物理环境因素和社会环境因素综合影响。国内关于旅游与地方感之间的研究,主要集中在探究游客、居民或特殊群体对地方感的感知及差异比较;一些特殊景观在游客地方感感知中的作用;地方感的形成机制;地方感对迁居意愿、遗产保护和环境保护态度的影响等方面。旅游活动对提升地方感有一定作用,学者普遍认为旅游可以提升居民和游客的地方感。

地方认同的内涵可从认同概念的理论脉络进行梳理。有学者认为,真正对地方在建构个人与社会文化身份认同的作用进行深入探讨与研究的是人文地理学[③]。认同概念最早源于哲学,后被广泛应用于心理学领域,其他人文社科研究又从心理学中引入这一概念。地方认同概念则由环境心理学学者提出,在此基础上,各学科也建构了宗族认同、族群认同、公民身份认同、国家认同、宗教认同、文化认同等概念。学科背景的不同导致对地方认同阐释路径的多样,但这些概念共同的内涵是个人将来源于宗族、族群、公民身份、国家、宗教、文化的情感与认知纳入对自我的定义,并使自身成为与他群相异的群体的一员。从这一视角出发,地方认同是多元认同中的一个维度或层面。社会学、人类学等学科对认同的分析往往体现出认同内涵的多样与复杂,又通过对地域、地缘、地方性知识等的阐释展现地方与认同的关系;心理测量学派一直对地方认同进行科学实证的统计分析。很多人类学、现象学以及社会建构学派为背景的研究,惯于使用质性研究方法,对具体现象进行阐释,表现的不仅是横向结果,而且是地方认同建构的历时性过程。但人文地理学对地方概念的认知较其他学科也是相对深刻的。本研究中的地方认同与各个学

---

① 朱竑,刘博.地方感、地方依恋与地方认同等概念的辨析及研究启示.华南师范大学学报(自然科学版),2011(1):1—8.

② Shamai S. Sense of place:An empirical measurement. *Geoforum*,1991,22(3):347-358.

③ 朱竑,钱俊希,陈晓亮.地方与认同:欧美人文地理学对地方的再认识.人文地理,2010,25(6):1—6.

科中对地方认同的研究均有包含和相关关系,目的并不是在现有概念体系里填补某个空白,而是突破心理学派的统计分析,体现认同的多元和层叠,通过案例中的过程还原和内容阐释,为今后研究带来更多线索。在此着重对符号视角下的遗产与地方认同研究进行梳理。

从符号象征的角度看,地方认同是透过心理层面的情感与符号象征产生对地方的情感。地方认同形成后往往会有相应的标志或象征,最明显地表现在个人或群体对某种文化象征的认同上[①]。因此,学者通过对仪式、节庆、建筑、景观等符号象征以及人们对这些符号的情感、认知与行动的分析,探索地方认同的演变。如在某些场景下,庙宇、祠堂等具有神圣性的场所与空间是地方认同的联结中心。在中国传统社会中,宗族通过祭祀将地域纽带联结到其上的各个人群和个体。世俗性活动也可能成为地方认同的重要象征,并在传统重构的过程中得到深化。节庆和事件将空间、时间与记忆整合起来,建构和再生产出新的身份和地方认同,成为地方文化身份的符号,其内容重构与细节变化都与当地居民的地方认同有紧密关系。

在城镇化背景下,传统村落衰落、消失、千村一面、万村一貌的"特色危机"问题都与地方性理论分不开。如何在物质景观、居民认同上实现地方性的保护和传承是重要议题。随着历史进程的推进,地方性不断地影响人类的生存与发展。在村落的历史轨迹中,保护和保存地方性是一个不断实现的过程。地方性保护并不是对旧模式的复制,而是在对场所特征进行解读之后用一种新的方式表现出来。在场所设计中,地方性是一个必须尊重的条件,通过制定特定场地的设计原则,建立描述和评价空间质量的标准,将有助于传统文化和地域特色的保护和延续。从物质景观发展方面,有学者提出古村落景观建设途径,认为古村落景观建设应从修缮、抢救建筑景观着手,恢复传统村落空间格局,进而实现产业活化、社区活化,最终达到乡村的整体活化,使乡村景观持续保存[②]。传统村落建筑景观的恢复可以强化居民对地方文化身份的认同,但另一方面现代化元素的冲击也可能使社区居民陷入更多的身份迷失。特别指出,在关于传统村落旅游活化中,节庆活动作为旅游产品中的

---

① Dixon J, & Durrheim K. Dislocating identity: Desegregation and the transformation of place. *Journal of Environmental Psychology*, 2004, 24(4): 455-473.

② 汪芳,李薇,PROMINSKI Martin. 城镇化和地方性的新冲突、新策略与新探索——中德双边研讨会会议综述. 地理研究,2014,33(11): 2205—2214.

一环,有助于地方性的生产①,节庆节事活动可以增强居民的认同感,并将地方知识传播给外来者,是传统村落旅游活化必不可少的要素。传统村落作为文化遗产,排斥千篇一律,其文化价值更需要得到保护和展现,如何在传统村落的旅游活化中运用地方理论,彰显地方价值,是新的思考视角。地方性和地方感理论视角在传统村落保护与利用中具有重要指导作用,是从文化视角出发的重要探索。

2.3.3 整体性乡村旅游理论

既然旅游是传统村落活化的重要途径,那么基于旅游的村落活化是包含在乡村旅游范畴之中的。考虑到既能应用于乡村发展,同时又包含整体性和地方性(区域性)二要素的方法,整体性乡村旅游(Integrated Rural Tourism,IRT)理论的提出填补了这一空白,它既可以看作一个理论,也可以看作一种方法。这一理论同样遵循可持续发展理念,将地方经济、社会、文化和环境资源与旅游发展整合起来。以往研究乡村旅游的方法模型有边缘/核心理论、消费主义方法、商业化方法、存在主义方法、戏剧和表述行为方法、经济学方法、基于社区的方法及可持续性方法等,所有这些方法都侧重于某一方面或学科,不是一种综合性方法。乡村旅游的关键特征应该是游客、企业、地方社区居民等不同利益主体、不同行动者相互协调,合理分配、利用与管理资源,充分考虑公平和社会正义,促进可持续发展。因此,2007年基于欧洲六国的研究课题和实践,西方提出了整体性乡村旅游理论。

整体性这一概念是一个普遍应用的词汇,很多西方文献中都有这个词语。以往旅游规划与管理的研究中也早已提出整体性这个概念[②③④⑤]。对整体性概念的理解包括空间、人力资源、制度、创新、经济、社会、政策、时间和社区的整体性。也就是说,既要考虑到核心旅游区,也要考虑旅游发展缓慢的

---

① Kozorog M. Festival tourism and production of locality in a small Slovenian town. *Journal of Tourism and Cultural Change*,2011,9(4):298-319.

② Gunn C. *Tourism Planning*. New York:Taylor and Francis,1988.

③ Innskeep E. Tourism Planning:An Integrated and Sustainable Development Approach. New York:Van Nostrand Reinhold,1991.

④ Butler R. Problems and issues of integrating tourism development,in:D. G. Pearce & R. W. Butler (Eds.) *Contemporary Issues in Tourism*. London:Routledge,1999.

⑤ Youell R. Integrated quality management,in:D. Hall, L. Roberts & M. Mitchell (Eds) *New Directions in Rural Tourism*,Aldershot:Ashgate,2003.

地区。在全区域内促进人口就业以抵制社会排斥、增强竞争力;促进机构合作,形成正式的固定或半固定结构;促进旅游产品创新,提升产品竞争力;促进多种产业的整合发展;促进经济、社会和环境的可持续发展;促进国家、区域和地方政策的整合;促进现在与过去各方需求的衔接;促进游客融入地方社区社会与文化系统。

整体性乡村旅游这一理论框架的三个主要元素包括行动者、资源和关系。对行动者来讲,他们与旅游的整合程度有强弱之分,如住宿提供者与旅游的整合程度就高,某种当地特产的生产者与旅游的整合程度相对就低,因为只有当游客购买这个特产时才算与旅游产生了联系。行动者可以包括游客、守门人、企业家、资源控制、地方居民等主体。IRT试图把各种行动者、资源和网络关系整合起来构建一个合作协调的网络,它是一个动态的、不断变化的过程。整体性乡村旅游理论引入了社会网络交换理论的部分思想,如嵌入、内生和赋权(见表2.10),它是基于网络构建的。为了促进成功的整体性乡村旅游,乡村网络必须同时具有嵌入性、非嵌入性、内生性和赋权。

网络包含了一系列正式和非正式的制度安排。网络并不是给定的社会事实,其创建、维持和管理是复杂的。网络中不同利益主体间通过强弱不同的关系互动,通过信任维持社会关系,共同维持网络的稳定和发展[①②]。网络使其中的行动者获取信息、共享资源、参与合作、吸引投资、提升地方自豪感并抵制消极观念。

相关研究已经指出了西方乡村背景下的网络特点。第一,网络是软性的,行动者的组成是开放性的,他们之间通常保持相互合作的水平关系,如各类企业、非政府组织和地方社区居民。这种网络不同于硬性网络,硬性网络是为了完成一定经济目标如开拓新市场、研发新产品而构成的垂直网络,它通常依靠正式制度安排来共享利益和资源。第二,网络驱动力通常由为乡村社区成员提供支持为目的,而不是为获取暂时性利益。第三,网络在经济上会陷入不能自给自足的情况,有些志愿者可能需要资金支持以维持其主要活动。第四,网络强调社会规范、互惠原则、友谊和共治,服务于更广泛的社区

---

① Granovetter M. The strength of weak ties. *American Journal of Sociology*,1973,78:1360-1380.

② Granovetter M. Economic action and social structure: the problem of embeddedness. *American Journal of Sociology*,1985,91(3):481-510.

利益,而不仅仅是特定的行动。第五,网络没有等级性,只有影响力不同的强弱联系。强联系可以提供知识和信息,维持网络活动,激发弱联系。第六,网络随着正规化程度(明确的成员和默契关系)和持续时间(长期或短期关系)而发生变化。第七,网络可以是开放或闭合的,开放网络使得成员可以获取更广阔范围的服务,其灵活性使其成员可以获取来自其他网络或行动者的外部知识;闭合网络在本质上是集体主义的,区分"我们与他们",但是它仍能有助于成员之间通过深刻的个人的、社会的联系传递与交换隐性知识。

表2.10 对网络特征的二元理解

维度	含义		含义
嵌入性	嵌入式网络的构建是基于地方知识和关系。来源于地方的独特传统文化是创新活动的基础。缺点是可能会缺乏活力。	非嵌入性	非嵌入式网络有助于与外部市场衔接,但需要注意,如果没有精心的商标与可追溯系统,非嵌入式的地方产品和资源会面临雷同的风险。
内生性	内生性网络强化了与地方的联系,促进地方参与、资源与利益共享。缺点是不便于获取外部高级资源。	外生性	外生性网络便于行动者获取非地方水平上的外部资源,迎合外部趋势。缺点是没有将地方社会文化结构融合进来,极易造成经济漏损,产生对抗外部冲击的脆弱性。
赋权	赋权的网络有助于地方社区参与对自然、经济、文化资源的掌控与管理。但参与可能是部分的或者不平等的。	非赋权	非赋权的网络由地方、区域或国家精英主导。在建立决策系统时通常对地方社区的发展和参与进行限制。

来源:Saxena et al[①]

IRT提出后,随之而来出现很多研究问题,如何衡量整体性乡村旅游的整体性?乡村交换网络构建的基础是什么?如何进行管理?不同行动者合作与竞争的条件与基础如何?地方领袖的社会资本在管理成员方面特别是消除成员间的消极行为,促进合作方面的作用如何?位于网络中心的行动者是否能够影响网络结构与变化?Clark和Chabrel[②]最早提出了衡量乡村旅游整体性价值的7个维度(见表2.11),为解决如何衡量乡村旅游整体性的变化和价值提供了参考。许多地区在发展乡村旅游之后,好的资源整合显然比差的资

---

① Saxena G, Clark G, Oliver T, et al. Conceptualizing Integrated Rural Tourism. *Tourism Geographies*, 2007, 9(4): 347-370.

② Clark G, & Chabrel M. Measuring Integrated Rural Tourism. *Tourism Geographies*, 2007, 9(4): 371-386.

源整合能够带来更多意义和价值。评价乡村旅游影响的标准很多,很多研究都提出通过乡村旅游促进乡村经济、社会和环境的可持续发展这一笼统概念。从根本上来说,这只是一种理想的柏拉图式目标,在实践中不能实现,只能尽可能地接近可持续发展这一端。表 2.11 所列的 7 个维度能够很好地体现可持续乡村旅游的经济、社会、环境影响。在这 7 个维度基础上,Marzo-Navarro 等[①]开发了决定整体性乡村旅游因素/维度的测量量表(见表 2.12)。

表 2.11　衡量乡村旅游整体性的 7 个维度

维度	英文	含义
网络	Networking	地方居民、企业和机构携手发展与管理旅游的能力
规模	Scale	地方旅游规模随时间变化,并与地区承载力密切相关
内生性	Endogeneity	旅游发展程度依赖于地区真实的资源
可持续性	Sustainability	旅游发展对地方环境和生态资源的保护与提升
嵌入性	Embeddedness	旅游在区域和人口的政治、文化和生活中的角色
互补性	Complementarity	旅游使那些直接或间接参与旅游的人群同时受益的程度
赋权	Empowerment	通过所有权、法律和规划保证地方水平上的群体享有对旅游发展的政治权利

来源:Clark et al(2007)

表 2.12　决定因素的测量量表

维度	测量项	说明
网络(7)	地区层面有旅游线路将不同村或镇的乡村旅游整合起来	旅游线路
	网络上有充足的关于这个地区乡村旅游的信息	信息提供度
	旅游局有充足的关于这个地区乡村旅游的信息	信息提供度
	获取这个地区乡村旅游的有关信息非常容易	信息获取度
	这个区域的企业和机构联合起来促进乡村旅游发展	私人部门合作度
	这个区域的企业和机构联合设计旅游线路	私人部门合作度
	不同级别的政府(镇、县、市、国家)能够与这个地区的企业或机构联合起来发展乡村旅游	公私合作

---

① Marzo-Navarro M , Pedraja-Iglesias M , L Vinzón. Development and Validation of the Measurement Instruments of the Determinant Elements of Integrated Rural Tourism[J]. *Journal of Hospitality & Tourism Research*,2013,40(4).

续表

维度	测量项	说明
嵌入性 (4)	旅游活动可以让游客体验当地的文化和传统	体验性
	地方名称或形象用在了区域旅游产品品牌上	产品地方品牌化
	地方名称或形象用来促进区域的旅游活动	活动地方品牌化
	地方名称或形象用在了区域旅游企业或机构品牌上	企业地方品牌化
内生性 (6)	一般来讲,旅游企业的所有者是本地人	所有权
	一般来讲,旅游企业的经营者是本地人	经营者
	区域的自然资源是主要的旅游吸引物	自然吸引物
	区域的文化资源是主要的旅游吸引物	文化吸引物
	旅游活动主要基于对区域自然资源的利用	地方自然资源利用度
	旅游活动主要基于对区域文化资源的利用	地方文化资源利用度
互补性 (7)	基本的游客服务(如餐饮、住宿)与当地的特色活动紧密结合(如户外活动、参观区域产品的生产)	服务地方化
	游客可以参与当地传统的、特色的活动	活动地方化
	旅游活动基于当地的特色活动	活动地方化
	旅游企业提供的服务包括住宿、餐饮和特色活动	服务地方话
	游客和居民共同享用当地有形的娱乐场所(如公园、沙滩、广场)	场所共享度
	游客和居民共同享用当地的公共服务(如医院、安保)	公共服务共享度
	游客和居民共同享用当地的休闲服务(如餐馆、酒吧)	休闲服务共享度
赋权 (4)	我对于区域所拥有的旅游吸引物和资源感到很自豪	自豪感
	我喜欢这个地区的旅游开发	喜爱度
	当地的旅游开发考虑到了地方居民的利益	地方居民利益
	旅游企业和机构在提供旅游服务的时候考虑到了当地居民的利益	地方居民利益

来源:据 Marzo-Navarro et al(2016)整理

  整体性乡村旅游理论提出了一个结合多个利益主体、多资源、复杂关系等要素来衡量乡村旅游发展影响的复合思路,拓展了目前的乡村旅游理论,具有一定的创新性和综合性。IRT 将乡村发展放在了广阔的框架中,目的在于通过乡村旅游促进乡村可持续发展,其哲学基础是承认地方行动者的重要性,通过制定有效政策促进地方社区的赋权和长期的整体福利,强调内生式发展的必要。它的哲学基础符合传统村落活化的原则和价值导向,可吸收其思想用于传统村落的旅游活化。后文借鉴了衡量乡村旅游整体性的几个维度,作为传统村落旅游活化的原则抑或属性特征。

2.3.4 社会交换理论

西方在20世纪60年代功利主义盛行一时,社会交换理论便起源于此。它指出了批判功能主义只从社会制度和社会角度研究社会问题的不足,提出个体及其心理动机也应是社会学研究的内容,主要代表人物有霍曼斯、布劳、西美尔。霍曼斯将一切社会行为视为一种交换,认为除了制度因素外,个体心理和动机也可以解释一些社会行为,并提出了基于实证主义和个体主义的交换理论;布劳的社会交换理论也称为结构交换理论,认为对社会现象可以从微观即社会发展的动态过程视角揭示人的需要和动机,也可以从社会结构的整体性效应这一宏观层面进行解释[1]。

就旅游研究而言,社会交换理论在旅游影响与感知方面具有较强解释力,该理论将旅游视为不同利益主体之间的交换行为,当利益主体从交换中获得的收益等于或大于付出的成本时,利益主体将倾向于参与旅游,并忍受旅游发展带来的负面影响。20世纪80年代末,在旅游的社会文化影响研究中开始有人提及社会交换理论[2],随后,社会交换理论被广泛用来指导研究居民参与旅游的态度及其感知。Gursoy等[3]认为可以利用社会交换理论研究本地居民的旅游参与态度,具体包括预期收益、成本、影响等要素之间的关系。Kayat[4]指出,综合运用社会交换理论与权力理论能够更好地理解旅游发展中的居民感知、居民价值观、旅游业依赖程度、个人能力等。此外,国内学者也逐渐将社会交换理论作为解释居民旅游感知的理论工具。

与阶级对立、阶级斗争思想相左,社会交换思想将微观主体看作平等的个体,注重强调不同行为主体之间由于发生相互关系所产生的物质与精神交流与交换,更加适合后现代社会背景下的旅游活动研究。对中国来讲,就人

---

[1] 〔澳〕马尔科姆·沃特斯.现代社会学理论.北京:华夏出版社,2000:74—80
[2] 刘赵平.社会交换理论在旅游社会文化影响研究中的应用.旅游科学,1998(4):30—33.
[3] Gursoy D C, Jurowski. Resident Attitudes: A Structural Modeling Approach. *Annals of Tourism Research*, 2002,29(1):79-105
[4] K. Power, Social Exchanges and Tourism in Langkawi: Rethinking Resident Perceptions. *The International Journal of Tourism Research*, 2002,4(3):171-183.

口流动现象而言,社会交换理论可以解释传统经济学、区域理论所不能解释的问题,可以解释传统村落旅游活化过程中居民和旅游者的感知与态度及其社会关系问题。

2.4 传统村落活化案例借鉴

因传统村落在地理空间上大部分坐落于非城市区域,且居民的生产生活方式仍以农业活动为主,因此中国传统村落的保护与活化议题在范畴上可归属于乡村发展大议题。中国有着特殊的政治生态、社会生态和文化生态背景,与世界其他各国的传统抑或历史村落相比,有着自身的独特性。世界各国传统村落保护与发展也因其处于不同的经济发展水平和文化传统而有所差异。以下整理了部分有代表性的传统村落保护与发展案例,以借他山之石可以攻玉。

2.4.1 欧洲

传统村落的衰败问题不只存在于中国,欧洲各国也面临相同的困扰,这是工业化和现代化的必然结果。2008年某调查显示,意大利共有3556个"鬼村",其中半数以上村落中民居利用率不足5%。基于此,欧盟委员会于2005年6月21日通过了"乡村发展计划项目",总投资预算超过2000亿欧元,旨在振兴欧洲乡村建设、农业和经济,保护和复原传统村落中的民居和景观,实现乡村区域的可持续性发展[①]。中国与欧洲有一个极为相似的特点,即都有着历史悠久的农业传统和丰富的历史文化积淀,在乡村景观上有很大相似之处;不同的是,欧洲发达国家城市化水平高,乡村人口较少。这一点上美国则十分不同:北美大陆作为新开发的大陆,其农业机械化水平很高,以大型农场为单元,历史遗迹也不如前两者丰富。因此,欧洲的乡村发展对中国来讲更有借鉴意义[②]。

(1)意大利

意大利文化遗产丰富,有着丰富的历史建筑保护经验,对于传统村落建筑修复也有相当成体系的方法。意大利许多乡村振兴项目是以建筑修复与

[①] 顾贤光,李汀珅.意大利传统村落民居保护与修复的经验及启示——以皮埃蒙特大区为例.国际城市规划,2016,31(4):110—115.

[②] 2016年欧洲PECSRL会议Session 4的主题即是全球化视野下欧洲和东亚乡村景观的变化模式、管理与对策。详见 http://www.pecsrl2016.com/index.php/sessions/19-contributions/48-s4.html

改造为目标,而不是以拆除重建为目标。意大利建筑改造与修复是以尊重场地、尊重地方传统特色、积极运用地方材料为原则,力求实现一个协调的乡村整合①。

以意大利西北部皮埃蒙特大区(Regione Piemonte)这一山地区域为例,这里保留了大量的传统民居,但由于城市化影响,很多传统村落衰败和废弃。该地区受到欧盟乡村发展计划项目的财政支持,该地政府将整个区域划分成13个保护子区,同时成立了相应的地方行动组织进行管理,制订了详细的传统村落民居保护与修复的建筑修复准则,并将其纳入地方建筑保护法律法规中。准则内容包含了传统村落民居的分类、构件的特点、干预的措施以及设施的升级等。相比之下,中国在传统村落建筑保护方面相应的法律还不完备,住房和城乡建设部仅发布了《传统村落保护发展规划编制基本要求(试行)》,其主要内容是对传统村落民居的保护,虽然其中明确了传统村落需编制完成相应的保护规划,但实际中这些保护规划的落地往往存在很大困难,缺乏具体的民居建筑保护内容,编制这一类规划耗费大量资金,最终效果却差强人意,致使基层干部和民众找不到合适的民居保护和修复方法,因此未来还需要更细致深入的努力。

以上案例是从政府视角对传统村落保护所进行的努力,意大利还存在一些村落再利用的方式。以 Albergo Diffuso(意大利语,意思是分散的旅馆)为例,它是意大利一种典型的基于旅游的传统民居再利用方式,最初产生于20世纪80年代意大利的东北部,后来西班牙也采用这个概念。它是将由于自然灾害如地震、洪水、滑坡等毁坏的、废弃的乡村房子进行原地改造,不再增加建设用地,从而最大程度减小对环境的干扰。改造过程中会制定详细的改造规划,其中全部使用地方技术和材料,强调地方特征和认同感的展现,从而实现可持续发展②。以意大利 Osini 一个拥有 800 居民的农村居民点为例,其附近有一个古村和很多历史遗迹,古村在 1951 年由于洪水毁坏而遭到废弃(见图 2.6)。由于这个地区有很多文化遗产可以作为旅游吸引物,因此能够吸引游客。在将这个地区改造为 Albergo Diffuso 的过程中考虑了多个视角:以

---

① 李木子,梁志霞.传统村落可持续发展国际研讨会暨《规划师》2016 成都国际论坛成功召开.规划师,2016(12):148—150.

② Montis A D, Ledda A, Ganciu A, et al. Recovery of rural centres and "albergo diffuso": A case study in Sardinia, Italy. *Land Use Policy*, 2015, 47: 12-28.

旅游作为促进经济复苏的手段；提升地方居民和行动者的能力；结合地方的景观和水文管理规划；详细给出建筑的平面布局、样式、材料及每栋需修复建筑的平立剖面图。图 2.7 是最后规划的平面布局图，在村子中心建设餐饮、住宿、酒吧等休闲设施，使其服务范围在 200 米的步行距离内。Albergo Diffuso 的思路可以用在中国传统村落的旅游活化中。

图 2.6　Osini 废弃和损坏的乡村房屋

来源：Montis et al(2015)

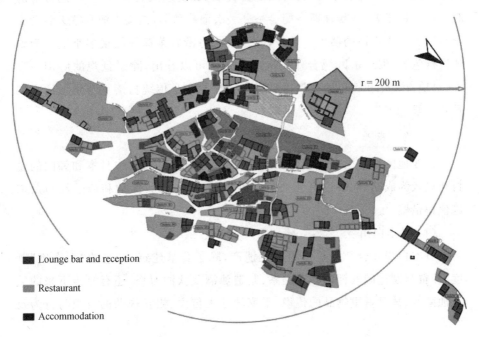

图 2.7　意大利 Osini 地区建设 Albergo Diffuso 的平面规划图

来源：Montis et al(2015)

（2）德国

德国在经历高速工业化后，如今已经成为高度发达的资本主义国家。其乡村环境之美源于其对生态环境保护的高度重视。许多传统聚落在发展过程中形成了现代型小镇，并依托旅游业促成了这种转型。德国传统聚落在旅游产业化转型过程中不仅将传统文化保留下来，也为游客制造了非凡的休闲体验。以有"莱茵之珠"美誉的吕德斯海姆——莱茵河畔的德国小镇为例，其所在的中莱茵河谷上部地区于2002年入选世界文化遗产名录。该地区在历史上曾是德国的重要农业带之一，以葡萄种植和酿酒业为主导产业，如今仍盛产葡萄酒。该地区有丰富的历史城镇、古堡、教堂和葡萄园，加之离法兰克福客源市场较近，促成了其旅游业的高度繁荣。

吕德斯海姆于1944年受到二战战火摧残，镇区许多建筑被毁，现存民居很多都是基于当年原址进行的修复和重建，通过适当处理，它们被融入了传统聚落，因此并不显突兀。吕德斯海姆提供的旅游服务具有参与性，由于当地是著名的葡萄酒主产区，镇里分布着众多酒馆。除了参观小镇，游客还可以坐在露天或室内酒馆里，花时间品尝美酒，观赏乐队表演，体会当地特有的酒文化。每年8月，吕德斯海姆会举办一次葡萄酒节，街头表演和露天酒会充分激发了这座小镇的活力。另外，航运公司将沿着莱茵河的很多小镇作为整体进行包装，促进了区域合作。从这个案例可以看出，除了景观的协调一致外，对地方文化和特色的挖掘以吸引和留住游客是传统村落重新焕发活力的重要手段[①]。

2.4.2 东亚

东亚地区与中国有着较为相近的文化和地理环境，其中日本和韩国的乡村建设较为成功，同时也有几处村落型世界遗产地，其保护和传承经验及措施值得借鉴。

（1）日本白川乡

日本白川乡合掌屋是世界文化遗产，除了合掌建筑外，它的"大家族"制度、养蚕与制造硝酸钾的相互关系、制造浊酒及饮酒习俗，还有流传下来的关于浊酒祭、盐是贵重物品的传说、平家的落人传说、相互扶助的组织与行为及

---

① 郁枫. 当代语境下传统聚落的嬗变——德中两处世界遗产聚落旅游转型的比较研究. 世界建筑，2006(5)：118—121.

净土真宗信仰等都是它现存的非物质文化遗产①。白川乡共有 16 个村落,其中荻町地区因合掌屋数量最多而最为有名,合掌屋分神社、寺庙、民居及库房等不同功能类型②。每年合掌建筑及其民俗文化吸引了大量游客前来参观体验,白川乡很早就发展了旅游业,特别是将合掌屋改造成精品民宿,是文化遗产利用的成功案例(见图 2.8)。

图 2.8　日本白川乡合掌屋鸟瞰图
来源:马晓等(2013)

　　白川乡传统村落建筑的保护和文化传承也经历了一个觉醒阶段才有了今天的辉煌。20 世纪 50 年代,合掌建筑数量减少,并且改建和出售现象越来越多。有人看到了其中的危机,从而出现了最初以经济利益为目的的"合掌建筑"保存运动。20 世纪 70 年代,白川乡荻町地区自然环境保护会成立,荻町地区全体居民都加入成为会员,并提出了"不卖、不借、不毁坏"三原则,制定了相关村规民约,希望达到保护荻町地区合掌屋这一文化遗产的目标。当

---

① 闫淑凤.创造的"记忆"——以世界遗产日本白川乡为例.美与时代(上),2013(2):69—71.
② 马晓,周学鹰.白川村荻町——日本最美的乡村.中国文化遗产,2013(5):102—107.

地村民是传统村落保护的执行者、维护者和受益者。当地居民意识到这些传统建筑本身所具有的遗产价值及为旅游活动提供场所所具有的经济价值后,对文化遗产的保护热情更加高涨。不断增加的游客反映了人们对这种族群文化价值的肯定和认可,又刺激了居民展演自己文化的兴趣,激发了居民对文化遗产进行重构的热情,形成了良性循环。

白川乡通过景观设计如路灯和铺路材料将地方历史记忆再现和创造出来,在原有遗存的基础上进行改造与创新,这种创新是结合创造记忆的主体——地方居民以及寻找记忆的主体——游客来进行的。说明文化遗产的保存不是固定不变的,而是动态的、变化的,文化遗产传承的过程就是一个变化的、创造的过程,这为中国传统村落的保护和活化提供了动态视角。

(2)韩国河回村

目前在韩国被指定为文化遗产的传统村落仅有8个,都是朝鲜时期形成,受到韩国法律的保护。其中主要有顺天乐安邑城、安东河回村、城邑民俗村、庆州良洞村4个村落[①],见表2.13。

表2.13 韩国4个被指定为重要民俗文化遗产的传统民俗村落概况

名称	地点	特点
顺天乐安邑城	全罗南道顺天市	村落四周环绕城墙,古代由于倭寇的出没而逐渐形成的自给自足的传统模式,有古树,是具有生产性的庭院格局。有展览馆,可体验极为丰富的民俗活动。
安东河回村	庆尚北道安东市	三面环水,房屋完好,有古树,最著名的吸引物是河回假面具和屏山假面具及其舞蹈,每年举办"安东国际假面舞节",另外还有众多博物馆和体验馆。
城邑民俗村	济州岛西归浦市	村落四面环绕城墙,以济州民谣、小米浊酒、酿罐酒、茅草屋匠为主要非物质文化遗产体验活动。
庆州良洞村	济州岛西归浦市	典型宗族村落,有祭祖活动,主要以宗祠、书堂、古宅、古树为吸引物,有传统饮食制作、传统游戏体验等活动。

来源:根据任光淳等(2017)整理

以世界村落遗产河回村为例,它是韩国安东地区的一个小村,韩国第二

---

① 任光淳,王爱霞,金太京.韩国乡土景观资源的利用及其对我国浙江省传统村落的启示.安徽农业科学,2017,45(4):182—186.

大河流洛东江在河回村掉头绕村而过,如同玉带环绕,村子便因此得名。入村口有一个详细记载河回村历史和文化的招牌,村内人民依旧生活于此。村子保留了大量的传统建筑如家族学堂、贵族家院落、百姓家院落、柳氏宗祠等。河回村虽然已经发展了旅游,但村民仍然保留了传统的生产和生活方式:种稻子、白菜和辣椒。村里上千年的古树被保护起来,旁边放着装有神笺的笺盒,古树许愿已经成为一种信仰。傩文化是河回村地方特色文化,这里有雕刻在木柱上的假面,傩面专题博物馆里安排有让大人和孩子自制傩面的空间,每年农耕生活的重要节日河回村都依照传统安排傩戏表演,这里还举办安东国际假面节。这里有传统食物如大酱汤、辣白菜、本地河鱼和蔬菜。传统民居外形保留了草舍土炕的传统格局,但内部都配备空调等现代设施。停车场建设在远处,采用村内旅游客车免费接送旅游者的形式。村内礼品店有售村民自酿的村酒、晒干的土菜、本地的咸菜等。村内解说系统、线路标志牌、厕所及夜间照明系统都是精心设计符合游客审美和需求的[1]。

总结韩国传统村落保护与活化的经验,一是非常注重在不同季节设计独特和有创意的体验活动,由此增加游客的停留时间;二是通过节事活动提升村落影响力并聚集人气。

2.4.3 中国

中国台湾地区较早开展了乡村旅游活动,其乡村发展注重社区营造的概念,"社区营造"最早源于日本"造町运动",台湾从20世纪90年代开始将这种保护理念引入并运用于传统村落保护。社区营造需要拥有地域价值认同和情感归属感,具有相对稳定的地域和适宜的物质环境,具有一定规模人口和相互关联的社会关系等前提条件,另一方面,政府的政策引导、资金支持,社会多元力量协助、社区居民广泛参与也是台湾社区营造成功的关键因素[2]。

近年来中国大陆在传统村落活化的道路上不懈探索,已经形成一些实践模式。传统村落活化不仅包括旅游活化,还包括其他活化方式,上文曾提到按主导力量分类的村落旅游开发方式,这里则根据活化方式的不同,总结整理了5种典型的村落活化模式。

---

[1] 刘晓峰.从韩国河回村看传统村落的旅游开发.城乡建设,2015(10):87—89.
[2] 周樟垠,曾庆云,陈华智.社区营造视角下传统村落的保护与利用——以梅湾村为例.小城镇建设,2016(9):38—49.

表 2.14 中国传统村落活化模式分类

模式	特点	案例
世界遗产型	遗存较为丰富,文化与自然资源突出,主要依托旅游业进行发展	西递、宏村、江南六大名镇的开发
农业遗产型	作为全球重要农业文化遗产,通过保护与深度挖掘农业遗产价值,村落得以继续维持其农业生产功能,辅助以观光功能	陕西省榆林市佳县泥河沟村枣园、云南哈尼梯田
少数民族型	生态博物馆式、舞台式	西江千户苗寨
村集体领导型	深入挖掘地方文化,地方文化的植入性高,村民自治权较高	河南省郝堂村茶文化、陕西省礼泉县袁家村民俗小吃文化
文化创意型	艺术带动,如通过摄影、绘画、民宿;创客返乡创业带动	山西许村画家村,广东省梅州市玉庭楼

世界遗产型目前已属于比较成熟的类型,世界古村镇旅游发展经历了三个阶段①。第一阶段,文化观光型旅游发展模式。以早期的西递宏村到乌镇、周庄、南浔等古镇的开发为代表,强调文化本身的价值而非文化的可消费性;旅游发展定位为地方民俗观光,以其原始建筑景观和人文风貌为核心吸引物,向游客展示传统的民俗文化元素。缺点是,由于过度强调文化价值,文化转化形式单一、静态、呆板,仅能够满足游客最基础的观光需求。供给方古镇古村通常以景区形式出现,依靠门票经济,收入模式单一;需求方游客的消费模式单一,停留时间短,基本不过夜。

第二阶段,休闲度假型旅游发展模式。以 2000 年后乌镇西栅、丽江大研古镇、四川洛带古镇等为代表。这一阶段古镇古村将文化与商业结合,引入带有休闲商业属性的餐饮、住宿、娱乐等业态,结合历史环境营销独特的文化休闲消费氛围,成为当前游客的热点休闲度假目的地。商业注入虽然为古镇古村输入了新活力,但也存在两个问题:一是旅游文化创意滞后,业态同质性明显;二是高度商业化使得大量异地商品、文化、趋利生意人等群体进入,逼迫本土原住民搬离,造成地方文化空心化和虚假化,古镇古村原真文化魅力逐渐消失,进而影响了其可持续发展。

第三阶段,生活体验型旅游发展模式。全球范围内以匈牙利霍洛克民俗

---

① 古镇古村旅游发展路径的三个阶段,中国经济网(2015-12-19)[2022-12-15],http://www.ce.cn/culture/gd/201512/19/t20151219_7669580.shtml

村、奥地利哈尔斯塔特小镇、日本越后妻有、印尼巴厘岛乌布等为代表。国内以安徽碧山村(碧山共同体计划)、贵州西江千户苗寨等古镇古村为代表。这一阶段古镇古村关注文化与旅游有机融合、协调发展，既重视文化旅游，以此作为古镇古村可持续发展的重要产业载体，又对引入古镇古村的新业态、要素、产品和人口进行筛选，控制在古镇古村的空间承载力和精神承受力范围之内，同时能够促进当地文化传承与发展。此类旅游发展模式特点如下：第一，重视当地传统文化的传承，有选择性地引入外来文化、创意或艺术，增加文化传承发展的生命力；第二，适当注入现代生活要素和时尚旅游元素，既满足现代人的物质和精神消费需求，又不破坏当地的人文脉络和生活习惯；第三，强调人与自然和谐共生，保留传统生活方式和自然居住形态。总之，这个阶段古镇古村的旅游发展，不是为迎合外来游客而改变自身气质，而是凭借与发挥自身独特气质和传统生活方式，吸引文化型企业、文艺工作者、文化旅游者和文艺爱好者进驻、到访甚至长期居住，共同参与古镇古村的保护与发展。

农业遗产型活化则主要依托全球重要农业文化遗产地，通过保护与深度挖掘农业遗产价值，村落得以继续维持其农业生产功能，辅助以观光功能。农业文化遗产是一种特殊的遗产类型，农村社区居民既是保护遗产的主体，也是遗产保护的对象，其作用在农业文化遗产保护和旅游发展中至关重要。农村社区居民的生计是农业文化遗产动态保护和适应性管理需要考虑的重要内容之一，而当地旅游发展有可能成为其改善生计条件的一种新途径[①]。如浙江省青田县依托"稻鱼共生"系统，不仅依托优良的自然环境，还依托健康的稻鱼食品，农民发展旅游，每年接待百万游客。这种发展模式尤其需注意保障居民传统的生计安全，助推居民多样化生计改善是农业文化遗产实现动态化保护的重要因素，对居民生计应尤为关注，且从遗产地居民个体层面来看，是否选择继续从事农业生产属于居民的生计策略内容，要特别注意不能因为发展旅游而放弃传统农业生产活动[②]。

少数民族型传统村落主要以少数民族村寨为主，以独特的地域民族文化

[①] 孙业红，闵庆文，成升魁，等.农业文化遗产的旅游资源特征研究.旅游学刊，2010，25(10)：57—62.

[②] 闵庆文，孙业红，成升魁，王旭海.全球重要农业文化遗产的旅游资源特征与开发.经济地理，2007，27(5)：856—859.

为吸引物,具有发展旅游业的先天优势,目前主要通过旅游活化的方式促进少数民族群体生计改善。在经历了民俗博物馆、民族文化村的形式后,生态博物馆是目前探索出的少数民族村寨保护与文化传承的有效模式。

村集体领导型村落活化是以村集体为单位,在村落精英带领下,以合作社为主要组织形式,深入挖掘地方特色文化,通过发展农业、工业或旅游业,促进村民增收和生计改善。该模式中地方文化植入性高,村民自治权和话语权较高,是一种积极的活化方式。

文化创意型则更多以小群体、个体为切入,这种无规划的、自发的村落活化往往能起到以点带面的效果。如通过摄影、绘画、民宿等文创产业带动村落人气回流;还有传统手工业、非物质文化遗产继承人的返乡创业等。

2.5 传统村落旅游活化的问题剖析

在理解传统村落本质要素基础上,可以看到,目前中国的传统村落在文化景观上面临着被破坏的风险,城镇化、工业化、现代化的大规模建设开发影响了传统的村落景观,空心化带来的人口流失使得传统生活生产方式逐渐消亡,传统乡村治理也难以维系。究其根本,可从土地政策和城乡政策两方面来分析原因。

从土地制度的视角看,1949年后我国土地政策经历了三个发展阶段。一是20世纪50年代初期的土地政策是将地主的土地分给无地少地的农民,改变了土地所有权集中的现象,但继续保留土地私有制,土地所有者可以自由处置自己的土地;二是50年代后期通过合作社和人民公社的"集体化",将村民私人土地集中起来,用土地集体所有制取代土地私有制,即"三级所有,队为基础"的体制,土地所有权在生产队集体,农民个人没有土地的所有权、使用权和收益权;三是80年代初期的继续保留土地的集体所有权,但将土地的使用权和收益权分给农民,实行二权分离,在此期间,为了避免两权冲突,推进农村改革,稳定农民权益,国家在20世纪末21世纪初,推广了"增人不增地,减人不减地"的湄潭经验,使农民的土地使用权和收益权长期不变,这就更加固化了土地和农民的关系。自此,很多在城市工作和居住却拥有宅基地和耕地的农村人口因种种原因,使耕地撂荒、住房闲置,这些废弃的住宅得不到修缮,荒芜的村落环境得不到整治,就演变成现在的很多空心村。

固化的土地制度加大了土地流转的难度,虽然近十年国家鼓励农村土地流转并出台了一系列政策,党的二十大报告也提出"深化农村土地制度改革,赋予农民更加充分的财产权益。保障进城落户农民合法土地权益,鼓励依法自愿有偿转让"。但这一政策在全国依然处于探索期,实际推进中面临着很多复杂问题。很多村集体的土地在分田运动中所剩无几,使得对村落进行一些改善性的基础设施建设或绿化变得十分困难。很多传统村落的耕地和住房要么被空置撂荒,要么被乱建乱改。

从城乡政策的视角看,传统乡村治理衰落,亟须建构乡村治理的现代化秩序。一方面,传统中国乡村具有自下而上的自组织能力。从中国历史来看,乡村的宗族和士绅是维持乡村稳定发展的重要政治和经济力量。历史上传统村落大都由一个或数个同姓宗族聚合而成,由同族推选出德高望重的宗族首领取代基层政府管理的作用,他们成为维护地方利益的代言人,替政府履行征税纳粮、保障平安、兴学建庙、修桥铺路的职责,所以中国古代有"皇权不下县"之说。乡村的这种自我管理效率高,抗干扰能力强。但随着乡村现代化的发展,这种乡绅阶层发生了剧烈的分化、变异,甚至消失。很多村落基础设施和环境改善资金迟迟不能到位,从而造成传统村落的公共设施和私家建筑面临年久失修、逐渐毁坏的问题。

另一方面,随着城镇化对人口的强大吸引力,大量乡村人口涌入城市,原先乡村政权对乡村的管控能力降低,导致了传统村落内部凝聚力下降甚至丧失。大量"农民工""工二代"在城市居住、生活,享受城市便捷的基础设施条件,久而久之,有些人群不想再回到乡村,他们已经与城市的雇主、朋友建立了密切的利益与情感关系,与原先乡村领导及邻居的关系逐渐淡化,降低了村级权威在他们心中的分量。同时,很多人在城市生活却又难以达到城市的准入门槛,其子女在城市就学、就医十分困难,造成了回不去、留不下的尴尬局面。同时,乡村无人管理和疏于管理的问题越来越严重,在土地使用权固化、集体资产所剩无几的情况下,乡村干部与村民的经济联系已经弱化。

城镇化背景下城乡发展不均衡导致城乡贫富差距增大。在相当长一段时间内,政策鼓励农村人口进入城市,通过读书、参军、招工等方式获得城市户口的农民,已经失去了回到农村的可能性。他们退休后不太可能给乡村带来财富和更新,这就造成传统村落的基础设施无人修缮,得不到资金支持。即使有些地区存在回乡盖房的群体,然而由于现代化、全球化导致的文化差异日益缩小,乡村建筑的特色和传统逐渐消失,取而代之的是同质化景观。城市的扩张兼并了大量的乡村土地,城乡发展不均衡使部分传统乡村治理不复存在,乡村内部经济联系弱化,传统村落的活力不再。

虽然从2012年开始,国家联合四部委提出了中国传统村落的调查与认定标准,2013年9月,住房和城乡建设部又印发《传统村落保护发展规划编制基本要求(试行)》的通知,将传统村落保护与发展问题提上议程,但在村落实际发展中,一些传统村落除了得到提名、获得资金支持等外部援助外,并无内生发展的动力,导致传统村落后续保护与利用仍然面临问题。如河南省修武县云台山景区及其附近的传统村落—斗水村、东岭后村、长岭村等,传统建筑及村落格局尚存,但闭塞的交通环境使得大部分居民已经迁出,即使得到了国家补助,对旧房子进行了修缮,农民也不想再住在这些交通不便、设施简陋的房屋中。传统村落旅游活化的目标是促进城乡交流、促进村落生产与生活方式的延续、促进村落形成自生的发展动力,因此必要的制度与法律保障是传统村落能够活起来的条件。就目前来看,国家多次提出了发展乡村旅游,鼓励三产融合,促进城乡融合、文旅融合等理念,因此现有部分法律法规如《中华人民共和国土地管理法》《中华人民共和国城乡规划法》《中华人民共和国文物保护法》等,需要逐渐响应现实发展需求以修订完善。

实际上,文物遗产不应该排斥多种用途。西澳大利亚州唯一一座世界文化遗产弗里曼特尔(Fremantle)女子监狱被改造成为青年旅馆,游客可住在布满铁丝网的"牢房"里。世界文化遗产城市挪威卑尔根木屋古街布里根(Bryggen)基本上都在商业经营,不会影响文物保护和社区可持续发展。土耳其棉花堡里古罗马时代的温泉仍在供游客使用。因此,一些传统民居原则上可以经过适当的维修与改造,成为供游客参观体验的场所。中国传统遗留下来的很多建筑文物在古代都是经过多次重建与修复的。如宋范仲淹所记载《岳阳楼记》:"庆历四年春,滕子京谪守巴陵郡。越明年,政通人和,百废具兴。乃重修岳阳楼,增其旧制,刻唐贤今人诗赋于其上。"古黄鹤楼在历史上也多次重建,如唐宋元清时期均有不同规制、不同规模的修复重建。重保护、轻利用的文物观是偏离现实社会需求的,如世界文化遗产福建土楼、苏州古典园林、开平碉楼与村落等都来自民间财富积累与土地私有及市场流通,文化遗产来自人类的生产与生活,因此天生不需要排斥生活。文化遗产享用已成为重要的社会消费内容,文物保护应逐步由行政型管理向经营型管理转型,更新理念,改革体制和评价标准,文物制度需要实现保护、利用、物权三方面目标。国家文物局原局长励小捷也认为文物保护在认识上存在偏差,在实践中存在利用不够和不当等问题[①]。而国务院 2016 年 3 月公布的《关于进一步加强文物工作的指导意见》等文件提出"在保护中发展、在发展中保护"、让各类文物都活起来,"发挥文物资源在促进地区经济社会发展、壮大旅游业中的重要作用"等积极的文物利用导向,助力开启旅游与文物相结合、相促进的新局面。2016 年公布的《国家文物局关于促进文物合理利用的若干意见》中也指出,扩大文物资源社会开放度。鼓励社会力量参与,支持公民、法人和其他组织通过认领认养等形式参与尚未建立文物保护的管理机构,或辟为考古遗址公园等参观游览场所的国有市、县级文物保护单位和未核定为文保单位的不可移动文物的保护利用。支持文博单位与社会力量深度合作,建立互利共赢的合作机制,推广政府和社会资本合作(PPP)模式。

因此,活化是遗产的重要保护路径,把遗产资源转化成包括旅游产品在内的现代功能而又不影响遗产的保护传承。一个国家对文物遗产的有效利用,体现文化创意产业的发展水平、国家文化竞争力和国家软实力。

---

① 励小捷.加强合理利用,让文物活起来.中国文化报,2014-7-23.

第三章　模型建构与研究方法

3.1　理论模型建构

传统村落旅游活化本质上是一种人地关系问题,即研究人与其所生活的地方——村落之间的相互作用与相互影响,目标是促进人与环境两者均实现可持续发展。对这一问题的研究需要根植人文地理学学术思想土壤之中。下文对研究所建构之理论模型的形成思路进行阐释,即经历了一个吸收、归纳与演绎的过程。

首先,人文地理学的社会文化转向是模型提出的学术背景。回顾全球人文地理学学科发展历程,虽然18世纪末已出现人文地理学萌芽,但其学科地位真正确立是在二战结束后[1]。从约翰斯顿《地理学与地理学家》[2]及其姐妹篇《哲学与人文地理学》[3]中的描述可以了解:1945年后,全球人文地理学经历了前所未有的发展,涌现出诸多哲学思潮,目前已形成一定体系。总的来讲,战后人文地理学主要受到经验主义、实证主义、人文主义和结构主义四大哲学思潮影响。实际中,它们之间没有明显的时间先后关系,而是呈现为互

---

[1]　顾朝林,陈璐.人文地理学的发展历程及新趋势.地理学报,2004,59(S1):11—20.
[2]　〔美〕R.J.约翰斯顿.地理学与地理学家.唐晓峰译.北京:商务印书馆,2010.
[3]　〔美〕R.J.约翰斯顿.哲学与人文地理学.蔡运龙译.北京:商务印书馆,2000.

有批判、互有推进与承上演替的过程①。以上多元哲学思潮，进一步指导了人文地理学方法论的发展。20世纪60年代后，人文地理学吸收并发展出多个体现以上思潮的研究方法，即经验主义方法、实践构建现实的实用主义方法、实证主义逻辑实证与批判理性实证方法、行为主义（客观整体分析行为与微观个性人本行为）方法、理解空间意义的现象学方法、支配空间价值的存在主义方法、思想构建空间的理想主义方法、强调社会对空间约束的马克思主义方法、关注社会关系的空间结构与扩散的唯物主义或新现实主义方法、重视所有社会构建空间不同特性认识与环境建构的后结构主义方法以及倡导边缘人群空间公正的女性主义方法①。

在这些方法论指导下，二战后，人文地理学发展可分为3个序次跃进阶段。第一阶段是20世纪60年代具有科学性的"新地理学"阶段，它伴随着计量革命的兴起和衰落。第二阶段是20世纪70年代起具有社会性的"激进理论"阶段，体现了人文地理学的社会转向，同时70年代到80年代还出现内部专门化和哲学多元化两个发展趋势②，前者是指人文地理学逐渐细分出城市地理学、经济地理学、文化地理学、政治地理学、历史地理学等方向；后者则对应了各种哲学思潮的影响。第三阶段是20世纪70年代开始并于90年代形成的，对文化的重视所引领的文化转向阶段，文化转向被认为发现了人文地理学研究空间变化的动力本质，该动力源于思想（价值、情感等）产生的文化动力，即文化改变世界、文化营造空间。其研究方法论是探讨大脑中"经验的世界"，是一种"微观"研究方法论。

自20世纪70年代文化转向以来，以揭示微观文化空间结构为目标，逐渐形成了三大流派：空间传统流派、社会—生活空间结构流派（重点是列斐伏尔空间生产理论）、地方理论流派（以段义孚地方理论为基础）。其中地方理论流派根植于存在主义现象学，以经历过的经验世界为切入点，围绕地点的固有特征与其文化依附性展开研究④。"地方"是文化地理学的核心概念，是赋予了人类情感和意义的空间。文化地理学认为，一个地区长期积累的文化以及人们对这些文化的认同，就使得该地区具有了地方性。而基于地域概念则能够更好地理解文化区的本质，即区域是人们认识空间的产物，是主观建构

---

① 王兴中，刘永刚.人文地理学研究方法论的进展与"文化转向"以来的流派.人文地理，2007，22(3)：1—11.
② 顾朝林.转型中的中国人文地理学.地理学报，2009，64(10)：1175—1183.

的结果,因此由区域建构主体赋予意义后的区域就是地方。因此,本研究主要吸取文化地理学的养分。

其次,对文化的基本分类是模型提出的思想源泉。面对传统村落这一"地方",对其活化本质上还是对其地方文化进行保存和传承,对地方意义进行延续和再造,即地方性的再生产。地方由空间文化所建构,空间文化又是由生活在这个空间里的人类与自然环境长期相互作用所形成,因此地方民众对当地产生了深刻认知并塑造了独特的地方空间文化。在城市化过程中,传统村落空间文化可能在转化过程中解体,也可能以新的面貌塑造出新的文化形式。那么这些地方文化包含哪些要素?文化地理学家虽然对文化一词有较为积极和精确的定义与描述,但人类文化的多样性和内在复杂性使得对文化的研究变得困难。是否能将文化简化为一个便于理解和研究的框架?英国学者 Julian Huxley 对比人类和生物演化过程,提出了一个三元文化分类模型,将文化分为 mentifacts,sociofacts 和 artifacts。Mentifacts 是文化最持久最核心的要素,包含了宗教、语言、逻辑、礼仪、工艺等,是抽象和精神层面的,与人类思考与观念形成密切相关,它构成了区分与衡量不同文化类型的意识形态和想象。Sociofacts 是文化中联系个人和群体的要素。个人层面包括家庭结构、再生产、性别行为、子女养育等,群体层面包括政治和教育系统等。Artifacts 是文化中联系群体与其周围物质环境的要素,包括群体生存技能、居住环境、交通等[①]。

尽管 Huxley 的模型只是提供了一个理解文化现实的近似方法,但却朴素而简单。在此基础上,廖本全将其称为"三层文化体模式"并发展了自己的理解[②]:下层的器物层(或曰物质层)、中间的社会层(或曰制度层)及上层的精神层(或曰观念层)等构成文化的本质性成分,简单概括为图 3.1。也曾有人类学家提出相似的物质文化、社群文化、精神文化等文化概念。这种三元分类法不仅可以凸显出文化核心、观念系统、规范系统、表现系统、行为系统等文化的五大系统,也可较为清楚地分析文化的本质与内涵,并用以作为文化分析的基础概念。其中精神层包括文化核心及观念系统,是一个文化体之思想、观念、价值、精神或信仰本身,是一个文化体(社会族群)的意义中心,也塑造文化

---

① Haggett P. *A Modern Synthesis Geography*. New York: Harper & Row Publishers Inc,1979.

② 廖本全.人文主义观点下空间文化之保存与建构——以西螺地方的构成为例.2001 年海峡两岸土地学术研讨会论文集,2001.

体的主体意识、自我认同乃至文化方向。社会层则是依据观念系统与文化核心而落实于社会生活的客观性规定,指的是一个社会族群中为社会生活而产生的互动所形成的文化结构,亦即社会组群立足于天地之间的六方空间关系,包括社会组织、制度与典范以及伦理关系、典章、法律等。器物层指的是一个社会族群适应自然环境,而在衣食住行育乐各方面生计方式的具体表现,也就是其与精神层和社会层的交互辉映的展现,如音乐、建筑、地景等外在表现形式。这三层文化体通过行为系统所体现的人与社会、人与环境的关系而互相联结与共存,并且共同演化,呈现出从具体到抽象的整体文化概念。

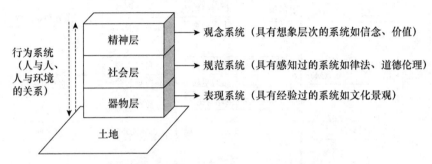

图 3.1　地点理论中"文化再现"理论的三元结构

来源:廖本全(2001)

　　国内,吴传钧先生曾提出"人地关系地域系统"是地理学的研究核心。周尚意认为吴传钧所提这个概念的意义在于,以往都说地理学研究的是人地关系,但是生态学、环境学、资源科学等也都研究人地关系,只是这些学科并不关注人地关系系统的空间边界或区域边界。而传统村落保护与利用必须确定空间边界,在吴传钧人地关系地域系统概念基础上,学者又细化了人地关系分析框架,即将人地二元划分进一步分解为多层之间的关系。其中,人的圈层可以分为生计层、制度层和意识形态层;自然可以分为大气圈、水圈、岩石圈、生物圈。在人文地理学研究中往往将自然圈层作为一个统一的圈层。因此,人地关系地域系统分析就是剖析生计层、制度层、意识形态层和自然层之间的关系,周尚意将之称为四层一体①。

　　因此,秉承20世纪人文地理学文化转向的传统与现实,通过对文献综述的提炼与总结,基于对"三层文化体模式""四层一体"的思考,进而嵌入与旅

---

① 周尚意.四层一体:发掘传统乡村地方性的方法.旅游学刊,2017,32(1):6—7.

游相关的思想与理论,本书尝试建构了一个连接人、传统村落、旅游三者的传统村落旅游活化可持续路径模型(见图3.2)。该模型是对如何进行传统村落旅游活化这一问题的思考结果,认为传统村落的旅游活化是一个地方文化再现过程,模型解读如下。

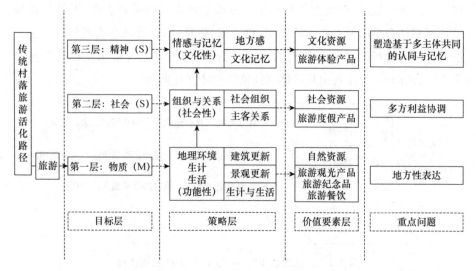

图 3.2 传统村落旅游活化可持续路径模型建构(MSS 路径模型)(自绘)

3.1.1 模型基本含义

纵向来看,模型反映了一个可持续的传统村落旅游活化路径应包括三个基本步骤,即三部曲:物质层、社会层和精神层。旅游是前提条件,传统村落发展旅游产业后,此时旅游业起了诱导和催化作用,且不论该旅游业的发展是由政府驱动、村集体驱动还是企业、社会组织或个人精英驱动。横向来看,模型包括目标层、策略层、价值要素层和重点问题,对应于目标层中的物质层、社会层和精神层的是每一层的具体转变策略、所对应活化的价值要素及活化过程中应注意的重点问题。

首先,物质层(Material level)是指传统村落的旅游活化过程会驱使其物质层面发生改变,具体体现在地理环境、生活和生计等功能性要素的更新与改变。该改变通过旅游观光产品、旅游纪念品、旅游餐饮、特色食品等的设计活化了村落原有的自然资源价值要素。餐饮、住宿、娱乐、体验等旅游相关功能的引入将改变传统村落的外在面貌,该更新可大可小。若原传统村落物质遗存较多,则尽可能保留原有村落整体格局,即街道布局、风水布局,对建筑内部进行设施更新，如北京爨底下村、陕西党家村。若原传统村落物质遗存不多，则可以在遗存周边进行适度的补充建设，如陕西袁家村。传统村落的这种物质更新是其可持续发展的必经阶段，其实质是一种"用进废退"的动态进化论思想，改变必将向着适应环境的方向进行。该阶段更新需尊重地方性表达的原则，恢复传统村落中能够表达地方性的文化景观，赋予其新的生产、生活与旅游功能。

其次，社会层（Social level）是指传统村落的旅游活化过程会驱使其社会层面发生改变，具体体现在社会组织形式和社会主要关系的变化。由于传统村落需活态传承，如何尊重、维护并充分表达居住在村落中居民的权利和意愿是传统村落成功活化和可持续发展的重要一环。旅游度假产品的设计可以让游客更深层次地体会旅游对传统村落社会资源价值的挖掘和展现。旅游业进入传统村落会相应改变居民的生计策略，由此调整了人与物的关系。传统社会组织结构受到旅游业的影响将发生改变，旅游发展后，村落的社会关系形式也会得到不同程度的巩固、恢复、破坏甚至再造。社会层还强调传统村落中个体和群体利益之间如何协调。根据西方基于旅游的社区参与理论，居民决策和利益分配是体现社区参与度的两个重要指标，即居民在旅游发展过程中是否享有决定社区事务的权利，是否有表达自身利益诉求的权利，是否平等地享受旅游发展带来的收益。以北京密云区司马台村为例，因古北水镇项目建设，将原司马台村全村搬迁至项目所在地2千米之外，将旅游业发展与村民割裂开来，不是基于社区参与的可持续旅游模式。

最后，精神层（Spiritual level）是指通过旅游活化带来传统村落物质层、社会层变化后，村落中所生活的人群在意识形态、思想、价值观上所发生的积极改变，即情感培养和记忆的唤起与重塑。通过旅游体验产品的设计，可将传统村落文化资源价值要素进行传承和发扬。旅游活化的结果应是提升地方居民的归属感、认同感和自豪感，并具有持续吸引外来游客或新居民的机制，目的是唤醒集体的文化记忆，形成统一的地方认同。此处强调认同和记忆两个概念（下文进行解读）。如果旅游发展没有带来精神层的变化，那么这种村落活化便不具有可持续性。

模型所构建之物质层、社会层和精神层之间存在着相互依存、共同演化的关系。物质层是基础，是社会层和精神层的载体，也是精神层在现实世界的投射。社会层将不同阶层人群组织起来，通过社会结构和关系的重构为精神层提供了制度保障；精神层所形成的意识形态，又可以进一步指导物质层的更新和社会层的优化。

该旅游活化的可持续路径模型也可称为 MSS 路径模型。按照模型所提出活化路径演进,以旅游作为催化剂,在传统村落活化中扮演积极角色,最终形成一个可持续的演进和循环机制。基于整体性乡村旅游理论,该路径具有整合性,不仅包含了经济、社会和环境维度,还将旅游活动、行动者、关系网络三者有机联系在一起。旅游活化的策略层和价值要素层之间不完全一一对应,也是存在互动关系的。如辣椒本身是一种农作物,具有自然资源价值;但其种植、收获与辣子酱的制作过程则含有社会价值;吃辣子作为一种地方习俗又具有文化价值。因此,围绕辣椒,可通过销售辣子酱、体验手工石磨碾碎辣子的过程等旅游纪念品、旅游体验产品对其进行活化。

总之,传统村落空间需要兼具功能性、社会性和文化性。近几年在传统村落保护与利用的实践中,往往只重视第一层物质层的改造与规划,极易造成过度商业化,或者直接将传统文化景观原封不动地保留,如同石头一样毫无生气,忽视对社会层和精神层的完善。前者如丽江古城,前几年被诟病商业化严重,后者如陕西党家村、北京爨底下村,采取圈占景区收取门票的做法,阻碍了地方居民自我发展的积极性,泯灭了文化的多样性与活力。就传统村落活化的最终目的来讲,要满足文化的传承性,实现地方文化再现,文化不仅包含表层的文化景观,还有深层的社会结构和制度,最后达到强化集体的地方认同。在此过程中特别需要处理好两对矛盾:首先是旅游带来的商业化和传统性之间的博弈,即既要保证村落原住民现代性的实现,又要保留和传承传统文化,不能犯为了保留所谓遗产,彻底牺牲村民自由迁徙、改善基础设施和生活条件权利的保守主义错误;其次是处理好旅游管理过程中政府干预和居民自我发展的博弈,自上而下的政府介入配合自下而上的社区参与才能保证旅游商业化中社区治理的有效性[①]。

3.1.2 模型特色

本书所提出的模型以廖本全的"三层文化体模式"和周尚意的"四层一体"为养分,对其进行了拓展和创新。首先,廖本全与周尚意之理论出发点在于地方性的挖掘,目的在诠释"此地"与"彼地"构成之不同之处,解读某一地

---

① 孙九霞,王心蕊.丽江大研古城文化变迁中的"虚无"与"实在":以酒吧发展为例.旅游学刊,2012,27(9):73—81.

方空间的特征,即"是什么",只涵盖了目标层。而 MSS 路径模型则提出了目标层、策略层、价值要素层和重点问题,不仅明确了"是什么",还明确了"为什么(价值要素)"和"如何做(策略)"。

其次,MSS 路径模型弥补了旅游在活化传统村落理论方面的缺失,而"三层文化体模式"和"四层一体"并不是针对旅游活动的理论,可以说 MSS 路径模型是对这两个理论在旅游研究领域的深入推进。

最后,MSS 路径模型将四层一体中的自然层、生计层纳入物质层中的地理环境与生计,实际上是对四层(自然层、生计层、制度层和精神层)的进一步整合,并没有割裂四层之整体性。

3.1.3 文化记忆解读

模型中的大部分概念在前均有所阐释,在此对"文化记忆"这一概念进行解读。文化记忆理论由德国学者扬·阿斯曼创立。近年来,关于记忆和回忆为题的研究越来越普遍,扬·阿斯曼[1]认为这源于三个因素:电子媒介技术的发展;通过电子媒介可以对历史进行保存;曾经经历一战、二战的健在人群越来越少。这些因素致使不同领域开始以回忆为中心,加强对文化记忆的研究。记忆是对过去的社会性建构,其文化记忆理论的关键概念包括集体记忆、书写文化、仪式、文本、认同、意识和反思性等,其中集体回忆的两种形式是交往记忆和文化记忆。文化记忆分为"热"回忆和"冷"回忆,而仪式和节日是文化记忆的首要组织形式。关于集体记忆,在《记忆的社会框架》中,法国社会心理学家 Halbwachs[2] 将其定义为"一个特定社会群体的成员共享往事的过程和结果",同时指出"集体记忆在本质上属于社会范畴,共同性是集体记忆的出发点"。集体记忆涉及社会学、历史学、心理学、地理学等多学科,分别从社会要素、时间视角、人的认知、空间意义等方面展开研究(见表3.1)。

表 3.1 不同学科对集体记忆的研究列举

学科	研究内容举例	方法选择列举	相关概念列举
社会学	政治事件对集体记忆的影响、社会环境和族群对集体记忆的选择性、社会沉默导致的集体记忆的否认和遗忘、文化视角的影响等	文献研究、田野考察、深度访谈等	社会记忆、文化记忆、收集记忆

---

[1] 〔德〕扬·阿斯曼.文化记忆:早期高级文化中的文字、回忆和政治身份,金寿福、黄晓晨译.北京:北京大学出版社,2015.

[2] Halbwachs M. *On Collective Memory*. Chicago:University of Chicago Press,1992.

续表

学科	研究内容举例	方法选择列举	相关概念列举
历史学	记忆史研究、特殊历史时期的历史记忆解读等	历史文献法、口述史研究	历史记忆
心理学	人体感知的角度	人体实验测试	自传体记忆 闪光灯记忆 内隐记忆
地理学	物质景观与空间的象征性	文献研究、空间分析、认知地图	公共记忆

来源：汪芳等(2015)①

通过文献研究，归纳集体记忆的特性，包括：(1) 社会选择性。纪念和认同的过去是社会选择和地理建构的结果。集体记忆并非日常生活的无限积累，而是一种具有选择性的社会行为，存在某些方面的结构性失忆或强化记忆。权力阶层可以影响或决定集体认同，从而主宰了集体记忆的书写和重建。乡村的发展演变是一个历史的、社会的过程，个人记忆往往会产生差异，但集体记忆则体现出一定的社会性②。(2) 动态重构性。集体记忆的重现，不再是简单的原形回忆，而是根据回忆场景，重新建构逻辑，并赋予新诉求，这促使集体记忆在演变过程中不断发生变化。例如通过对怀旧类电视综艺节目的演变研究，来探讨集体记忆的重构。(3) 媒介依赖性。一方面是制度化与仪式性的"集体欢腾"所产生的深刻记忆，如庆典、传统节日、集体活动等；另一方面是非制度化的日常生活过程中点滴积累的记忆，如记忆场所、象征符号，或是文献、照片、明信片等更细微的物质实体引发的记忆。

3.2 研究方法设计

3.2.1 方法论及具体方法

目前人文地理学的研究方法论继承了西方科学研究的方法论体系，上文

---

① 汪芳,孙瑞敏.传统村落的集体记忆研究——对纪录片《记住乡愁》进行内容分析为例.地理研究,2015,34(12):2368—2380.
② 李凡,朱竑,黄维.从地理学视角看城市历史文化景观集体记忆的研究.人文地理,2010,25(4):60—66.

提到的多个"主义"的哲学思潮扫荡了人文地理学领域,以此为基础,人文地理学的具体研究方法呈现多样化的特征。人文地理学对研究问题的解释方面,必须承认除了科学解释以外,还有以信念为基础的解释、常识解释、假设的解释、对立的解释等非科学解释①。同时,经济学领域还存在两大基本研究范式:实证研究和规范研究。前者主要回答"是什么"的问题,后者解决"应当是什么"的问题。实证研究提出前提和假设,然后通过实际经验或实际证据来证明,排斥价值判断,研究事物的内在规律,实验方法可以被不断重复,从而对研究假设进行修正;规范研究则基于伦理标准和价值判断,分析前需要确定相应准则,依据准则判断研究对象所处状态是否符合这些准则,如果不符合,偏离程度如何及应当如何调整。不得不说,当下依然是实证研究占据主流的时代,规范研究有所抬头,但不能就此说明哪种研究方法更优。各种方法的使用需要结合研究对象、研究问题进行选择。根据研究目的,本研究要解决"应然"问题,因此模型建构过程主要采用规范研究方法论范式,并以质性研究方法中的单案例法为主,具体研究方法如下。

(1) 文献法。对于本书所提出的研究问题,需要在全面分析现有研究文献基础上展开,因此多学科、多视角的文献阅读是基本前提。

(2) 二手资料法。了解目前传统村落的现状及政策、制度情况以及追踪村落活化过程需要搜集相关二手数据资料。

(3) 对比分析法。案例分析时需要进行横向的共时性和纵向的历时性对比分析。

(4) 田野调查法。根据马克斯·韦伯提出的形式合理性和实质合理性,按照吴文藻提出的社区研究三维框架——地域、人民、文化,选取案例地后,需要进行深度的田野调查和参与观察,其中特别关注多利益主体及多行动者间的关系分析。田野调查中协助采取深度访谈和问卷调查等方法。

3.2.2 案例地选取及实施

2016 年 10 月在陕西省袁家村举办的"中国(袁家村)乡村旅游高峰论坛"上,中国社会科学院舆情实验室发布 2016 年《中国乡村旅游发展指数报告》,2016 年是中国乡村旅游发展具有里程碑意义的一年,中国乡村旅游从过去的小旅游、中旅游进入大旅游时代,乡村旅游人次达 13.6 亿,平均全国每人一

---

① 顾朝林. 转型中的中国人文地理学. 地理学报,2009,64(10): 1175—1183.

次,是增长最快的领域;乡村旅游不再是"农村旅游"和"农业旅游",而是成为与城市相对应的一个空间概念,逐渐形成一个新的大产业,包括乡村观光、乡村休闲度假等,经济潜力巨大;乡村旅游正在成为一种新的生活方式。从乡村旅游发展成熟度上看,瑞士、法国和西班牙分别位于前三名,亚洲则以日本发展水平最高。从国内看,浙江省排名第一,陕西省排名第二,四川省排名第三,随后是云南、江苏、河南、山东、福建、安徽。浙江得分高源于它的发展成熟度,陕西后来居上是因为其游客人次较多、口碑较好。城市比较可以看出杭州、咸阳、丽江占据前三。从影响力来看,特色乡村前十名见表3.2。

表3.2 2016年《中国乡村旅游发展指数报告》中特色乡村前十名

排序	省份	特色村子	影响力指数	特色
1	陕西	咸阳市礼泉县袁家村	88.6	关中民俗、小吃
2	浙江	湖州市德清县莫干山	85.1	自然风光、精品民宿
3	安徽	黄山市黟县西递村	80.7	世界遗产
4	河南	洛阳市栾川县重渡沟村	75.4	农耕文化、自然风光
5	河北	邯郸市馆陶县城寿东村	73.9	"粮画"创作
6	贵州	凯里西江千户苗寨	62.4	少数民族风俗风情
7	—			
8	四川	成都市三圣乡五朵金花	48.3	休闲农业
9	浙江	宁波市滕头村	45.6	生态农业、立体农业
10	北京	门头沟区琉璃渠村	41.8	皇家琉璃之乡

来源:2016年10月"中国(袁家村)乡村旅游高峰论坛"

以可持续发展、赋权、社会公平、正义等价值观引领,上文建构了传统村落旅游活化的可持续路径模型(MSS路径模型)。随后,本书研究选取陕西省礼泉县烟霞镇袁家村为案例地,基于这一旅游活化路径,评价分析案例状态,提出相关建议。袁家村距离城市客源地较近、物质遗存丰富度并不高、传统社会结构尚存。选取该案例地的原因在于,其通过旅游,成功地活化了传统村落中的价值要素,具有典型性和代表性。

作者于2010年开始关注中国村落及其旅游发展,2011年到2016年持续调研过河北部分农村、安徽西递宏村、浙江乌镇、河南开封部分农村、北京古北水镇、北京爨底下村等村落。2015年开始关注袁家村,2015年10月于浙江乌镇首届古村镇大会聆听袁家村书记郭占武的演讲,初步了解了袁家村的发展路径。随后于 2016 年 5 月 17—19 日对袁家村进行了连续 3 天的初步调研,调研内容包括实地走访袁家村每个街巷,重点访谈了袁家村村委会领导集体,包括袁家村书记、村主任等 5 人;挨家挨户访谈了袁家村原住居民;对袁家村部分作坊老板和部分街道商户老板和雇佣店员、部分游客进行了访谈。每次访谈一般在 20 分钟以上,主要访谈对象一般在 45 分钟以上(见表 3.3),其中村集体下文以 A1—A5 表示,居民以 B1—B20 表示,从业者中老板以 C1—C10 表示,从业者中雇佣员工以 D1—D10 表示,游客以 E1—E10 表示,开发商以 F1 表示。2016 年 12 月 1—5 日对袁家村进行第二次调研,根据首次调研情况制定问卷,共发放居民问卷 64 份、从业者问卷 240 份、游客问卷 120 份,共 424 份,实际回收情况及有效问卷数量如表 3.4 所示。

表 3.3 主要访谈对象及其数量

访谈对象	村集体	居民	从业者	游客	开发商企业
数量	5 人	20 户	20 人	10 人	1 家

注:访谈对象信息详见附录 3

表 3.4 问卷情况

群体	街道名称	发放问卷数量	实际回收数量	有效问卷数量	有效率
从业者	农家乐街	30	21	17	81.0%
	小吃街	40	36	29	80.6%
	祠堂街	40	35	30	85.7%
	回民街	40	33	30	90.9%
	书院街	40	38	36	94.7%
	康庄老街	20	16	11	68.8%
	酒吧街 & 艺术长廊	20	15	11	73.3%
	关中古镇	10	6	4	66.7%
居民	农家乐街	64	28	24	85.7%
游客	随机	120	119	104	87.4%
合计		424	347	296	85.3%

根据发放对象,问卷分为居民问卷、从业者问卷和游客问卷三种类型;从

内容上看,居民问卷和从业者问卷主要包括基本信息、可持续生计感知和地方感感知三部分,游客问卷主要包括基本信息、旅游动机感知和地方感感知三部分,具体内容见附录2。问卷中的问项通过文献综述和第一次调研情况拟定。下文进行问卷数据分析与计算时,问卷中"非常不同意""比较不同意""中立(没感觉)""比较同意""非常同意"分别对应转化成1—5分的李克特量表数值。居民问卷于农家乐街发放,袁家村一共64户居民,居民问卷预计发放64份,其中部分农家乐只有雇佣人员在,原住村民不在,所以雇佣人员填写了一份从业者问卷,最后于农家乐街实际回收居民问卷28份,从业者问卷21份。游客问卷采取随机发放方式,选取了包括吃饭、住宿、休闲娱乐等多种类型游客群体。从业者问卷采取选定街道后随机发放的方式。为了提高问卷发放及回收成功率及问卷填写质量,每个问卷填写者均可得到一张精美北京大学明信片作为奖励,遇到不识字的发放对象,通过与其语言交流落实每个问项;当问卷填写者对问项有疑问时,进行详细解说。实地调研后,还通过电话、网络社交媒体等方式与袁家村书记、村主任、商户及部分居民保持联系,以便补充资料、了解袁家村后续发展动态。

3.3 案例地概况

袁家村位于陕西省咸阳市礼(醴)泉县烟霞镇,是广袤关中平原的一部分,距离西安市区70千米左右,汽车车程1小时;距离咸阳市区20千米左右,处在西咸半小时经济圈内。东邻咸阳国际机场,毗邻312国道、银武高速、陇海铁路、107省道、关中旅游环线、唐昭陵旅游专线从附近经过,交通十分便利。礼泉县有着悠久的历史和文化底蕴,夏商时属雍州,周朝为京畿要地,秦属谷口县,西汉为池阳县管辖,南北朝时易名宁夷县,隋朝时期因境内有泉,味甘如醴,又建漓醴泉宫,故名"醴泉县"。明清之际,袁家村作坊发达,贸易兴旺,为方圆几十里货物集散地和出入北山要冲。1964年由国务院批准更名为"礼泉县"(来源:礼泉县档案局)。袁家村坐落于历史如此悠久的关中地区,自然继承了大量周秦汉唐以来的传统文化和民俗。目前袁家村打造"关中印象体验地",即在明清古村落旧址上恢复重建,再现古代民居、传统手工作坊和民间演艺小吃等关中民俗的历史原貌,集中展示关中农村从明清至今的农村生活文化演变,突出民族生活文化,营造关中文化氛围,凸显其深厚的文化内涵和地域特色。

袁家村周边 20 千米内的旅游景区主要有：唐昭陵九嵕山景区（包括昭陵、韦贵妃墓、长乐公主墓）、昭陵博物馆、唐肃宗建陵石刻、郑国渠首遗址及历代相关渠道遗址（位于泾阳县），有一定的旅游业基础。袁家村全村耕地总面积约 800 亩，其中原有耕地 620 亩，农户 64 户共 268 人。2007 年以后，袁家村通过产业结构调整转型发展乡村旅游，成功地改变了村落整体风貌，提高了本地居民生活水平，吸引了周边村落大量人口就业，村落规模由原来 200 多人提高到现在约 3000 人，在周围区县形成了极强的示范效应。袁家村于 2013 年入选住房和城乡建设部第二批中国传统村落名录，与名录认定标准中对传统建筑、选址和格局、非物质文化遗产所不一致的是，袁家村并未保留大量传统建筑，在选址和格局上也并无较大特色，但其被选为中国传统村落并通过旅游将村落成功活化，并在乡村精英治理下进行了村落社会空间重构，其原因和机制正是下文所重点探索的内容。按照研究提出的 MSS 路径模型理论框架，下文将对其物质层、社会层和精神层分别进行阐释。

第四章 过程：活化的村落

4.1 物质层：地理环境、生计与生活

4.1.1 村落发展史概述

袁家村的发展历史与其产业发展密不可分，从 1949 年至今经历了三个主要阶段。

第一阶段从 1949 年到 20 世纪 70 年代末，产业以农业为主，这个时期袁家村是有名的"烂杆村"，"地无三尺平，砂石到处见"，"耕地无牛、点灯没油，干活选不出头"。全村 37 户人大都居住在破旧、低矮的土坯房里，其中有 15 户居住在低洼潮湿的地坑窑里。1970 年，24 岁的郭裕禄出任第 36 任队长。在他的带领下，全村艰苦创业、挖坡填沟、平整土地、打井积肥，大力发展粮食生产，最终把 503 亩靠天吃饭的坡地、小块地变成了平展整齐、旱涝保收的水浇地，粮食亩产量从 1970 年的 160 斤逐年提高到 1650 斤。这一举措不仅解决了吃饭问题，而且户户有余粮，使袁家村一举成为陕西省乃至全国农业的一面旗帜（图 4.1）。

第二阶段从 20 世纪 80 年代到 90 年代，是村办企业时期。1978 年后，在国家改革开放总体思想指引下，郭裕禄书记带领袁家村村集体成立了白灰

图 4.1　1960 年代(左)和 1970 年代中期(右)的袁家村

来源：摄于袁家村村史馆

窑、砖瓦窑、水泥预制厂等村办企业,1983 年开办的水泥厂是当时村里的支柱产业。1990 年,村集体又先后投资 460 万元建设了硅铁厂、印刷厂、海绵厂等一批企业,成立汽车运输队和建筑队,办起了商业服务部。这个时期,袁家村还打破了原有土地集体管理的旧模式,将土地承包到农户,大力发展果品产业,创建了"果业收入＋工资收入＋村集体分红"的新模式。1992 年后,村集体原先创办的村农工商总公司发展成为集建材、餐饮、旅游、运输、服务、房地产、影视为一体的大型集团公司,业务涉及西安市,实现了从农业稳村向工业富村的成功转型。2000 年袁家村人均年收入由 1970 年的 29.6 元增加到 8600 元,集体资本累积达到 1.8 亿元,人民生活水平大幅提高,成为当地知名的小康村。

第三阶段是 2007 年后,这一阶段袁家村着手重点发展乡村旅游。2000 年后,随着果业、养殖业效益下滑,为治理乡村环境污染,大量小水泥厂被关停,人才、市场等因素导致发展压力加大,袁家村陷入发展低谷期,在此背景下,村委会决定调整发展思路,转变经济发展方式,争取主动。2007 年,在县政府大力发展乡村旅游的战略决策下,新任书记郭占武带领袁家村村民集体投资 2000 多万元,在村域范围内建成了占地 110 亩的康庄老街、唐宝宁寺、农家乐街等。通过支部引领、党员示范、群众参与等方式,鼓励每户村民积极开展农家乐。几年后又建成小吃街、酒吧一条街、艺术长廊、祠堂街、回民街、书院街等街道,形成了集吃、住、行、游、购、娱为一体,生态、民俗和文物资源有机整合的多层次、多品味的关中印象体验地。截至 2016 年,袁家村累计年接待游客约 500 万人次(历年接待人次见表 4.1),年总产值超过 4 亿元,农家乐户年均收入超过 30 万元,外来经商和务工人员达到 3000 人,外来务工人员年收入达到 4 万元左右①。

表 4.1 袁家村历年到访的游客人次

年份	估计人次(万)
2012	200
2013	300
2014	360
2015	450
2016	500

袁家村从农业到工业再到服务业的发展历程,与1949年后相当一部分中国农村的产业发展脉络一致,也体现了国家政策随着时代的转向。从中华人民共和国成立初期国家鼓励互助生产到20世纪80年代鼓励乡镇企业发展,再到新世纪相关政策对乡村旅游、休闲产业的大力支持,袁家村都紧紧跟随国家大环境的脚步。袁家村是中国农村发展的缩影,其成功经验对指导中国传统村落的可持续发展具有重要意义。

4.1.2 旅游活化之地理环境

(一)建筑更新

2007年,在村办企业效益日渐下滑、环境污染日益严重的情况下,袁家村村委领导集体果断做出发展乡村旅游的决定,通过乡村旅游带动村落物质空间更新,改变陈旧的、不适宜的发展策略。然而,在乡村旅游发展初期,袁家村周边并没有突出的自然、文化遗产,也没有毗邻优美的高品质风景区,因此"景区依托型"发展路径在袁家村行不通。其初期发展思路是依托健康安全的农产品,开展农家乐,通过提供有地方特色的餐饮和接待住宿业吸引游客,其重点是在特色饮食上充分做到食品的安全与来源可追溯。遵循这一思路,2007年建成了康庄老街,街道建筑以关中民宅风格打造,街道宽度在3米左右,街道两侧房屋均为单层,高约4米。袁家村将周边乡镇中具有精良传统手工技艺的艺人聘请过来,为他们提供免租金的营业场所,初期相继开设了面坊、醋坊、油坊、豆腐坊、粉条坊、辣椒坊等,一方面售卖地方特色食品,另一方

---

① 数据来源于本书作者与袁家村村干部访谈。

面也为村中农家乐经营户的餐饮服务提供传统健康的原材料。由村委会带头鼓励本村 64 户村民积极开展农家乐,初期只有 3 家,随后陆续增多,村委会要求农家乐的农家饭原材料必须自康庄老街的各类作坊采购(见图 4.2)。

图 4.2 康庄老街(左)、农家乐街(中)、农家乐东街(右)

通过持续的以旅游为目的的自我投资和招商引资,袁家村空间结构由单一街道变为拥有康庄老街、作坊街、小吃街、回民街、祠堂街、酒吧街、艺术长廊、书院街、关中古镇等多条旅游街巷的网状格局(见图 4.3)。64 户村民居住在农家乐街,即早期的袁家村中心街道,其他街巷则是在 2007 年后相继建设与开发,街道建筑风格按照关中民居特色,建筑材料以灰砖为主。自从发展旅游后,大部分时间袁家村的游客人数都大大超过常住居民,因此在空间上形成游客旅游区与村落建成区重叠的空间特征,原本完全属于居民个体或集体使用的如广场、街道等公共空间、商业空间等,正逐步转化为居民和游客共同使用的空间,形成了空间共享。

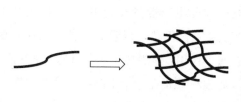 

图 4.3 袁家村街道空间形态变化示意图(左)和手绘图 2.0 版(右)

来源:左图作者自绘,右图摄于袁家村

袁家村现有历史文化遗存不多,且大部分经过重新修缮或重建,表4.2列出了目前散落于村落各处的主要历史文化遗迹。从各处遗迹所展示的信息来看,袁家村的旅游活化主要采取重建后向游客展示的方式再现重要历史人物和事件。

表4.2 袁家村历史文化遗存一览

名称	历史渊源	活化方式
唐宝宁寺	原为唐代皇家寺院,是较早开创佛教文化、弘扬佛法的重要寺院。抗战时遭到严重破坏,修缮未果,后经袁家村筹资重建。	重建
胡国公祠和秦琼墓	祭祀朝拜秦琼的祠堂,秦琼是唐朝开国将领,去世后陪葬昭陵。后人为了纪念他的显赫战功,在陵园旁边建祠修庙。	重建
观音庙	据说村中有一位老人,病中得一观音佛像,供之,病好,便在村中建一小庙,后来全村及周边人便来朝拜,凡事问观音,有求必应,并在每年农历六月十三在这里举办庙会。	重建
太宗槐	相传唐太宗李世民狩猎咸阳渭河之阳九嵕山歇息饮泉于此槐树下,清朝遭雷电烧毁,21世纪后,枯槐自我新生。	借槐追思
烟霞书院	又名九嵕书院,创建于清道光年间,咸丰时毁于兵灾,同治年间重建,但行台占为衙门,书院或寓文庙,或借考院继续办学,地址无定。光绪年间,知县张凤歧另建院舍,后废。	重建

来源:根据田野调查整理

(二)景观更新

袁家村作为国家级传统村落,其旅游活化中的景观更新经历了以下三个主要阶段。

(1)历史:农业景观向工业景观的转变

历史上,袁家村的景观构成以农业生产性景观为主,随着产业结构的调整,变为工农业景观并重。目前在袁家村仍然可以看到各种工农业时期的景观遗存(见图4.4)。这些景观有两个作用:提醒村民袁家村的发展历程,使村民牢记发展是经艰苦创业得来,加强村民的地方认同感;同时对游客又是一种视觉体验,重塑了袁家村完整的村落形象。此类景观表达可增强村落立体感,不仅将村落的物质价值进行了活化,还是一种对村落历史价值的展示,使村落优秀的精神价值如艰苦创业等得到了活化,对村民和游客均具有教育意义。国内很多旅游目的地都采取过此类手法进行打造。

图 4.4 袁家村的木制运输车(左)、卡车(中)和厂房(右)

来源：摄于袁家村

(2) 现在：工业景观向休闲景观转变

2007 年后，袁家村放弃发展工业，转向发展旅游业，通过村集体前期积累的资本和社会资本的引进，逐步将袁家村打造成了集吃住行游购娱为一体的综合产业链。各类旅游接待设施、餐饮和娱乐项目使袁家村呈现出典型的后现代休闲景观。以生活客栈这一精品客栈为例，其内部所有的景观设计均遵循了本土性设计原则，融入了关中地区的景观元素(见图 4.5)，并与周围环境相协调，取得了闹中取静的效果。居民住宅则在发展乡村旅游后，由原来的一层变为两层或三层，以便于接待游客，装修风格逐渐由现代变得古色古香。发展旅游后的其他新建街道，按照传统关中建筑风格仿古修建，避免了大街道，注重人的尺度，空间利用效率很高。

图 4.5 生活客栈一角

来源：摄于袁家村

(3) 未来：休闲景观与农业景观并重

按照村集体的发展思路与设想，袁家村今后会重拾村落的农业生产功能，打造耕种体验园、采摘园、垂钓园等场所。这点与传统村落旅游活化的价值导向和原则相一致。历史上的传统村落均在特定环境下形成了自给自足的农业生产体系。因此，当代传统村落旅游活化过程中要注重传统农业生产方式的回归与展示，将农业与旅游业发展相融合（见图 4.6）。

图 4.6　袁家村的农业生产景观（左）和休闲景观（右）

来源：摄于袁家村

4.1.3　旅游活化之生计与生活

（一）业态转变

旅游介入传统村落后，村落中人群的生计生活状态发生变化，且生活主体变得复杂，即由原先以村落居民为主转变为居民、从业者、游客等多主体共存。生计活动主要通过相关业态形式呈现，因此业态转变分析是了解袁家村旅游活化所带来的相关主体生计与生活变化的基础。下文分析袁家村每条街道的业态情况。

农家乐街道分为农家乐街和农家乐东街，农家乐 1—22 户、34—62 户分布在农家乐街，23—33 户、66 户、68 户分布在农家乐东街（无 63、64、65、67 号牌）。大部分农家乐可提供餐饮与住宿两项基本功能，部分可提供土炕、棋牌、麻将、KTV、烧烤、喝茶等服务。餐饮菜单中包含关中特色美食如铁锅土鸡、猪蹄、油泼扯面、烙面、揪面片、手工搓搓、臊子面、锅盔、搅团、饸饹等。2007 年后，农家乐建筑多由一层增建为二层或三层，以满足更多游客住宿需求，居民室内设施也在不断更新升级。

康庄老街是最早建设的旅游街道,各个传统食材作坊遍布其中。2009年小吃街建成后,随着游客数量的增多,大部分作坊搬迁到小吃街,并采用前店后厂的经营方式。康庄老街的部分旧店铺则用来展示早期的作坊场景,如王福堂面坊、德瑞恒油坊,部分店铺还引进了其他业态,如3D拼图、唐韵轩、木版年画、永泰和布店、张氏皮影、古玩店等。

小吃街是袁家村人气最火爆的一条街道。从街头到街尾密密麻麻分布了近百家小吃店铺,如粉汤羊血、驴蹄子、手工烙面、煎搅团、扁豆面、馓子、旋饼、关中凉皮、豆面油茶、果奶冰糖梨、手工挂面、油坨坨、酱辣子、野菜煎饼、菜合、荞面饸饹、软摊、豆腐脑、麻花、甄糕、腊牛肉、红薯粉皮、山药片、生氽丸子、土鸡蛋、锅盔、花生、蒸肉、酱菜、炸红薯、枣糕、牛舌饼等。每家店铺面积不大,屋内进行特色食品制作,就餐一般在临店街道边摆放桌椅板凳。

酒吧街的主要店铺有涩色青春吧(酒吧)、谢村黄酒(非物质文化遗产)、爱情银行(酒吧)、彼岸酒吧、非洲鼓乐文化、ibar酒吧、1916酒吧(亿酒留吧)、后街13号酒吧、绒花咖啡、老地主酒吧、韩小姐的店(西餐)、旅迹(酒吧)、格格吉祥(港式甜品)、便利士(韩国日本进口商品商店)、英格兰酒、伽蓝(酒吧)。艺术长廊有手绘、可艺美艺术坊(石头彩绘)、布艺、绘画、花器、葫芦、茶具、手工陶器、声素等店铺。

关中古镇是来自西安市的外来投资商买断土地所有权投资兴建的街道。2011年开始建设,分一期和二期,目前游客到访量不高。主要店铺有关中八大碗、肉夹馍、香酥小麻花、龙腾老客栈、鱼疗馆、兰州拉面、东北珍宝、古堡惊魂、俊豪客栈、帝元升名木手串制作、哈根达斯、创意生活馆、魔幻迷宫等。很多店铺已停业关门,还有一些店铺正在招商。通过访谈调查,作者了解到关中古镇目前商业萧条,原因在于这条街道项目是早期由袁家村对外招商引进,投资商拥有全部开发、经营权,袁家村村集体没有参与管理。投资商建成商铺街道格局后开始进行招商,以收取租金为目的,没有进行合理的规划与管理,导致业态混乱、经营不良,同时开发商与村集体存在矛盾冲突。村集体认为该开发商不注重可持续发展,是以短期盈利为目的,因此与开发商在管理上发生过多次冲突。

袁家村的发展也走过弯路,关中古镇就是其中一例。当时我们觉得能有开发商愿意在袁家村这样的偏远乡村买地、投资,是很大机会,就没有考虑对他们的建筑和管理提出要求。后来发现开发商想建成什么样就什么样,房子想租给谁就租给谁,想经营什么经营什么,业态混乱,比如卖东北珍宝,根本不是关中特色嘛!当我们感觉到问题后发现已经管不住、管不了了。开发商一锤子买卖,从我们这拿了地,建好房子,对外出租出去,挣了租金跑了人,最后吃亏的还是商户,还是老百姓嘛!所以,在后来开发的祠堂街、回民街、书院街的建设中我们吸取了这个教训。我们采取与投资商明确产权的合作方式,对他们的建筑、店铺、管理甚至商品摆放都提出要求。如果投资商不能接受我们的管理,我们就不同他们合作。(A2)

关中古镇前几年游客还挺多的,现在越来越差,后来我听说袁家村村集体和关中古镇开发商发生冲突,村里不让古镇经营餐饮,关中古镇的入口好像还封过一阵子!(D10)

祠堂街分为祠堂东街、祠堂西街、祠堂北街、财神街和戏楼街,是以美食和时尚文化店铺为主的商业综合体。祠堂东街建有敬天楼,南北中轴线上建有袁家祠堂及财神庙、木结构关中大戏楼、童济功古茶楼。祠堂街将六七十年代接近消失的标志性传统项目、民俗挖掘出来,并收集全国各地民间传统旧物及农耕器具作点缀,形成了质朴的传统生产、生活场景。祠堂西街是美食街,汇集全国名优小吃,如北京炸酱面、四川腊肠、东北小酒馆、腐竹、山东杂粮煎饼、武汉热干面等。祠堂东街和北街则主要以新兴时尚饮品、酒吧、创意文化店铺为主,如银画坊、弓作室、熊猫馆、古董蔷薇、桐咖啡、21room 摄影工作室、藏饰品、沙画、手工串珠等。祠堂街是袁家村与外来投资商按照一定股权比例共同管理的街道(见图4.7)。

回民街是与西安市著名的回民街商会进行合作,在袁家村打造的一条"连锁街"。店铺经营种类效仿西安市回民街打造:主要有肉夹馍、新疆烤羊肉串、大盘鸡、烤馕、羊蹄、泡馍、胡辣汤、粉蒸羊肉、羊杂汤、风干牛肉、灌汤包等清真美食,其原料取材并不都是袁家村作坊(见图4.7)。

书院街作为目前正在修建的街道之一,已有部分商户入住,招商工作还在进行中。书院街的标志性建筑是重建的烟霞书院和魁星阁。烟霞书院又名九嵕书院,创建于清道光年间,咸丰时毁于兵灾。同治年间重建,但行台占为衙门,书院或寓文庙,或借考院继续办学,地址无定。光绪年间,知县张凤歧另建院舍,后废。魁星阁则是中国传统村落旧日对科场士子获取功名的寄托和理想。如今重建魁星阁表达了袁家村借此对传统文化的传承和发扬之意图。书院街的业态十分丰富,就目前来看,包含餐饮如台湾美食、陕西丹凤葡萄酒、棒棒蜜、伏茶奶、鸡排、玉米、冰激凌、锅巴、辣子条、茶铺、鸡蛋卷、烤鱿鱼、薯片、龙虾,娱乐如魔术城堡、酒吧、射击、电玩等,手工艺品如钧瓷、耀州瓷、布衣坊、藏石阁、手工皮具、民族坊、红木文玩、手工打银,艺术创作如印度海娜手绘、革命纪念等店铺。

之前有个刘古愚创办的烟霞书院在"文革"时期毁了,我们想恢复这个概念,以此集中当地一批文化人,进行一些传统教育活动,如讲堂、村里法庭、明礼堂(辩证)等。我们计划书院街的正式营业时间是2017年1月。(A2)

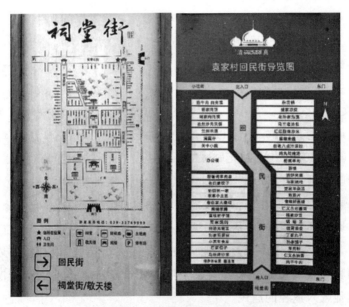

图 4.7 祠堂街(左)和回民街(右)平面图一览
来源:摄于袁家村

袁家村二期还规划有特产电商一条街,响应国家农村电商、电商扶贫等政策,与村游网合作,采用旅游驱动型农产品电商模式,线上线下结合,打造陕西省各县特产和文化旅游对外营销的窗口。目前店铺建筑已经建好,还在招商中。

袁家村其他旅游业态、设施还包括精品客栈和民宿,如生活客栈(共2家,分别位于农家乐街和小吃街)、一亩三分地客栈、清心谷客栈、在云端青年旅舍、宿营地、左右客、沐舍精品客栈等;童济功茶坊和王家茶楼;万人麻将馆;

天元度假酒店和一个碉堡外形的在建酒店;一个儿童娱乐场;一个关中戏台和袁家村大剧院;游客服务中心;村史馆;村主任接待室和一个大型会议室。

(二)居民生计与生活转变

经过近十年旅游发展,袁家村目前常住人口由居民和从业者两大基本主体构成。旅游介入传统村落发展后,居民传统的生计活动即农业生产发生改变,开始从事以旅游业为核心的服务业。下文应用可持续生计理论,结合问卷和访谈数据,分析居民在旅游发展后的脆弱性背景感知、生计资本变化感知及生计结果转变。

(1)居民基本信息分析

通过对24份有效居民问卷进行分析,表4.3显示了问卷中所反映的居民基本信息。数据显示,问卷中男性数量(70.83%)大于女性数量(29.17%);被调查人数中31~60岁占比最高(79.16%),反映了目前农家乐经营者以中年群体为主,通过作者挨家挨户访谈时所观察的调查对象年龄也可回证这一特点;就文化程度而言,初中或高中(58.33%)占比最大,其中学历为小学及以下的被调查者是一位60岁以上的老人,被调查者中最高学历是本科;个人月收入普遍在5000~10000元(45.83%),其次是10001~20000元(33.33%),部分人群收入甚至在20000元以上(16.67%)。收入来源中18人收入全部来自农家乐,这部分人群在城市均没有工作;6人收入大部分来自农家乐,其中有3人在城市还有工作,在居民访谈中了解到部分村民在城市找了工作,周末回袁家村,自家农家乐由家庭其他成员或雇佣人员经营,或直接将农家乐整体对外出租。收入大部分来自农家乐但在城市没有工作的这种情况包括一些拥有其他收入途径的居民。

> 我之前在咸阳市工作,后来村里发展了旅游,农家乐能挣钱,我就回村经营自家的农家乐了。现在收入大部分来自这块,我自己还有点小生意,在网上淘宝卖东西,能挣点钱。(B20)

大部分农家乐(91.67%)均提供餐饮和住宿,只提供餐饮或住宿一种服务的占比很少。87.50%的农家乐是自营,也有少部分居民将农家乐住宿和餐饮整体对外租赁;访谈中了解到,甚至有四川人和浙江人到袁家村租赁农家乐;村民住宅分两部分,靠近中心街道部分是最早建成的,另一部分是发展旅游后为了满足农家乐接待需求扩建,因此凡是将农家乐对外租赁的居民,一般只租出后扩建部分,而先建部分则继续由原居民使用。有13户农家乐没有雇佣外地人,劳动力不足时由家里亲戚朋友前来帮忙;其他 11 户有雇佣外地劳动力,在访谈中了解到,旅游旺季和高峰期游客数量很多,需要更多工作人员,因此雇佣的外地人主要充当厨师或服务员。在询问村民是否还从事农业生产、是否还拥有耕地时,100% 的被调查者都选择没有耕地并不再从事农业生产活动。

> 我们村原有耕地 600 多亩,现在是 100 多亩,农民基本都没地了,也都不种地了。我们的耕地性质已经转变为集体建设用地性质。国家不是提就地城镇化嘛,我认为我们现在的做法就是一种就地城镇化的示范。(A2)

> 搞旅游后,慢慢地我们就不种地了,地也没了,也没得种了;旅游收入也比较可观,我们不用那么辛苦啦,搞旅游可比种地省力多了,种地辛苦啊!(B7)

关于加入合作社的情况,所有被调查者都加入了合作社并已经拿到过分红,在与村干部访谈中村干部也提及所有居民都已加入袁家村的合作社。在村民意见途径的反馈上,58.33% 的被调查村民认为第一途径是直接向村委会反映,37.50% 的村民认为村委会定期召集村民会议是第一途径,入户收集意见这个途径则不经常采用。以上是对 24 份居民问卷中基本信息的初步分析。

表 4.3　居民问卷中对抽样居民基本信息的描述分析

基本信息	问项	数量	百分比
性别	男	17	70.83%
	女	7	29.17%
年龄	18 岁以下	0	0.00%
	18～30 岁	4	16.67%
	31～60 岁	19	79.16%
	60 岁以上	1	4.17%
文化程度	小学及以下	1	4.17%
	初中或高中	14	58.33%
	本科或大专	9	37.50%
	硕士或博士	0	0.00%

续表

基本信息	问项	数量	百分比
个人月收入	小于5000元	1	4.17%
	5000~1万元	11	45.83%
	10001~2万元	8	33.33%
	2万元以上	4	16.67%
收入来源	全部来自农家乐	18	75.00%
	大部分来自农家乐	6	25.00%
	小部分来自农家乐	0	0.00%
	与农家乐无关	0	0.00%
在城市有无工作	有	3	12.50%
	没有	21	87.50%
农家乐形式	有住宿有餐饮	22	91.67%
	有住宿无餐饮	2	8.33%
	无住宿有餐饮	0	0.00%
农家乐经营方式	自营	21	87.50%
	租赁	3	12.50%
雇佣情况	家人和亲戚朋友	13	54.17%
	村外打工者	11	45.83%
是否从事农业生产活动	从事	0	0.00%
	不从事	24	100.00%
是否加入合作社及分红情况	加入	24	100.00%
	不加入	0	0.00%
提建议的途径	直接向村委会反映	14	58.33%
	村委会定期召集村民们会议	9	37.50%
	村委会入户收集	1	4.17%

来源：根据问卷数据绘制

(2) 居民脆弱性背景感知分析

按照基于旅游的可持续生计框架中对脆弱性背景的阐释，通过居民问卷和访谈获取一手资料，并对结果进行分析。首先，按照脆弱性背景四个维度和作者对袁家村的了解及田野调查访谈，表4.4总结了袁家村对应于四个维度的脆弱性背景的现实情况。然后,通过居民问卷调查数据量化居民对目前所从事旅游活动的脆弱性背景感知(见表4.5)。

表4.4 脆弱性背景四个维度下的袁家村

名称	基本含义	实际情况
冲击	一切外部影响,包括自然、社会、经济等	袁家村地处平原,自然灾害主要以洪涝和旱灾为主;此地1949年后从未发生过恐怖袭击、战争及暴乱;周边乡镇也主要以农业为主,兼有部分工业和旅游业
趋势	国际和国家经济、资源、人口、旅游市场趋势	袁家村受国际旅游市场影响不大,受国内旅游市场特别是西北区域旅游市场趋势影响大
制度安排	正式和非正式制度	目前从国家至乡镇都对袁家村有优惠政策倾向
季节性	旅游市场的季节性变化	极热和极寒天气是袁家村旅游的淡季

来源:根据互联网、田野调查、访谈数据绘制

① 冲击。居民对冲击的总体脆弱性感知为2.37,对自然、社会和经济维度分别为2.33、2.17、2.62,均小于3,说明居民对社会冲击感觉最不明显,对经济冲击感觉最明显,都小于3反映了居民对冲击的整体感知程度较低,外部冲击不太会影响他们从事的旅游活动。因此,袁家村外部总体环境较为稳定,尤其是社会环境十分稳定。

自然灾害嘛,从来没担心过,以前当农民的时候还很担心嘛,农民就靠天吃饭了,现在不种地了,就不担心了嘛!恐怖袭击、战争更是从来没有,这有啥可担心的嘛!国家经济好我们当然也跟着好,不过我们这里生意一直很好的嘛!(B6)

② 趋势。居民对趋势的脆弱性感知为2.83,小于3。趋势量表问项主要从经济趋势角度出发,居民对国际和国家经济趋势对他们所从事旅游活动的影响感知也较低。但在访谈中了解到部分村民对此还是存在一定担忧,认为国家经济趋势会影响袁家村小环境,但也有一些"乐天派",守着袁家村的小世界不问世事。

我记得刚开农家乐的时候,生意还不是很好,但是在2010—2013年那几年,农家乐特别赚钱,这两年村里开了小吃街、祠堂街和其他一些街道,农家乐的生意肯定被冲击了,再加上国家经济形势不定,少了很多团体客,我觉着是没前几年好了。(B2)

③ 制度安排。居民对国家政策和村委会规章制度的脆弱性感知分别为3.42和2.87,说明居民感到国家政策对他们的影响要大于村委会政策。通过访谈可以了解到,村民十分关心国家是否支持旅游产业,担忧国家政策的变动,因而感知得分较高;而村民普遍对村委会政策没什么想法,因其政策都是积极的,因此表现在对村委会政策感知低。

国家这几年不都是支持旅游发展嘛!袁家村发展得这么好,国家就更要支持了。至于村委会的政策,能有啥政策,我没觉得对我有啥影响,村委会都是为咱们村民想点子,希望大家一起致富。(B18)

④ 季节性。居民对季节性对所从事旅游活动影响的感知为3.50,大于3,说明季节性对村民的旅游活动有影响。访谈和观察中了解到,袁家村在春季、秋季特别是周末、清明、五一、中秋、十一、春节等国家公休日游客量很大,夏天最热的7月下旬到8月下旬和冬天最冷的12月下旬到1月下旬这2个月游客量最少。近几年,袁家村游客数量呈逐年上升趋势,随着袁家村各种类型旅游产品和旅游服务设施的不断完善,打造"夜生活,让游客待得更久""打造度假目的地"已经成为袁家村新的发展目标。作者在5月与12月的两次实地调查都见证了袁家村人气之壮观。虽然季节性是影响多数旅游目的地的重要因素,但对袁家村来说,季节性的影响不是那么明显。

12月初,本以为天冷了,没那么多游客,谁知道,一出现大晴天没雾霾、周六周日,小吃街的游客依旧多得像蚂蚁,挤都挤不动,去过那么多搞旅游的村子,袁家村着实让我大吃一惊。(E1)

我们袁家村的火爆不是你能想象的,好日子暂且不说,那些对其他旅游目的地来说所谓的淡季在我们这根本不明显。这两年春节过年袁家村是天天爆满,停车场满满的全是车。我们一直在做游客市场,目的是服务。游客冷我们就为他们提供热茶热水、暖气空调,游客走累了玩累了我们还提供掏耳朵、捶背、按摩的服务,总之就是尽可能地留住游客,让他们在袁家村享受乡村的慢时光,渐渐地你就喜欢上这里了。(A2)

比较四个维度,脆弱性感知由强到弱依次是季节性、制度、趋势和冲击。总体感知方面,旅游活动受外界影响感知为3.21,抗风险能力感知为3.63,处于中立水平,说明居民认为目前所从事生计活动的总体脆弱性处于中间水平,没有太大威胁,也没有觉得非常安全。

表 4.5 居民对脆弱性背景的感知

维度	序号	问项	平均分		方差
冲击	1	我担心受到自然灾害的影响,如地震、洪水等	2.33		2.406
	2	我担心受到恐怖袭击和战争影响	2.17	2.37	2.667
	3	我担心受到全球与国家经济危机影响	2.62		2.592
趋势	4	国家和区域发展情况会影响我所从事的旅游活动	2.83	2.83	1.971
季节性	5	季节性会影响我所从事的旅游活动	3.50	3.50	1.391
制度	6	我感到国家政策会影响我所从事的旅游活动	3.42	3.15	1.123
	7	我感到村委会的政策会影响我所从事的旅游活动	2.87		2.144
合计				2.82	
	8	总体上,我感觉所从事的旅游活动受外部环境影响大	3.21		1.650
	9	总体上,我感觉自己有一定的抗风险能力	3.63		1.114

注:脆弱性背景感知得分由 1—5 反映了脆弱性感知由弱到强

(3)居民生计资本变化感知分析

根据基于旅游的可持续生计框架(SLFT),生计资本包括自然资本、经济资本、人力资本、社会资本和制度资本五大类,具体得分见表 4.6。

① 自然资本。袁家村居民的自然资本主要指袁家村宏观整体的自然环境、微观则涉及居民家庭自然环境及居民的土地所有情况三方面。问卷数据显示居民对自然资本提升的感知水平较高,分别为 4.58 和 4.63,呈现积极响应。但居民除宅基地之外,耕地所有量为 0,这又在一定程度上折减了自然资本。

> 早年我是村上专门负责基础设施建设的,70 年代的时候村里还是 2 层黄土窑,后来在 90 年代拆掉盖了 2 层框架结构的砖瓦房,然后为了发展农家乐,每家又加盖了。村里的水泥厂还没拆呢,就在村口南大门那,你可以去看看。2007 年我们村之所以能搞起来农家乐,就是因为之前的基础设施较完善。你看其他村,想搞但基础设施跟不上。80 年代我们村就已经家家户户都有 20 寸彩电,这是村集体统一采购的。(B4)

② 经济资本。收入和政策性帮扶是衡量经济资本变化的两大基本指标。问卷调查显示居民对经济收入增长的感知明显,为 4.54,对政策性帮扶的感知则处于中等水平,为 3.63。访谈中了解到,大部分居民没有申请国家贷款的经历,这可能与农民本身风险意识较高有关,所以村民对这一经济资本感知不明显。

袁家村发展旅游后,村民基本收入由 2007 年每户年均 3 万元增长到现在年均 50 万元。收入翻了不知多少倍,村民都很满意袁家村现在的发展。(A2)

③ 人力资本。问卷和访谈数据表明:居民普遍反映袁家村发展旅游后人力资本得到发展。如村委会会定期聘请专业人员对村民进行培训,内容包括饭菜烹饪、床单物品摆放、卫生间清洁等,村民学到了很多管理与维护方面的知识,同时一些农家乐在开展网络营销方面也学到了新的营销技能。

袁家村会请专门机构对农家乐经营人员进行培训,包括餐饮饭菜的做法,客房住宿管理,如何打扫房间卫生等,如马桶是从里向外刷,洗手盆是从外向里刷。基本 1 个月就会有一次,在村里的大会议室进行。农家乐房间的床单、被单、枕套都由清洁公司统一清洗。农家乐还与去哪儿网合作,可以在网上预订房间。(B1)

④ 社会资本。居民对社会资本提高的感知水平较高,访谈中几乎所有村民都认为自己认识了很多游客朋友,很多游客每次来袁家村都会固定在一家吃住。村民之间的互动和交流也较之前增多。夏天,农家乐家家都有烧烤、KTV,村民和游客经常在一起谈天说地,乐此不疲。

我们家有 10 间客房,今天来了个团队,容纳不下,我就分给邻居一些客人。都是这样,游客多的时候谁家住不了了,都介绍到邻居家去了。如果游客选定了农家乐之后又觉得不满意,可以更换另一家,我们也不会觉得生气和嫉妒。(B5)

⑤ 制度资本。该资本反映了居民对参与袁家村乡村旅游发展决策和利益分配制度的感知。从得分可以看出,居民对此项感知程度较高。访谈中了解到,袁家村村集体非常尊重村民提出的意见建议,村民定期开会讨论袁家村未来发展。由于村里人际关系良好,村民互帮互助,很多问题无须上升到村委会层面就可以顺利解决。

村里领导治理村子治理得不错,每个人都可以参与到村子管理中,我们都是志愿服务,共同维护各个街道的稳定,平时都是轮着值班;开会在村史馆旁边的大会议室,民主投票解决问题。(B8)

Su 等[①]曾经将三清山世界遗产地发展旅游后村民的传统生计资本和新

---

① Su M M, Wall G, Xu K. Heritage tourism and livelihood sustainability of a resettled rural community: Mount Sanqingshan World Heritage Site, China. *Journal of Sustainable Tourism*,2016(5).

生计资本进行对比(见图 4.8),认为旅游导致村民耕地流失,减少了自然资本,这种描述仅仅体现了一种客观事实,但若在旅游背景下重新定义自然资本,加入村民对自然环境的主观感知要素,则自然资本仍可能有所增加,袁家村就是这种情况。

表 4.6　居民对生计资本变化感知得分

维度	问项	平均分		方差
自然资本	袁家村的整体自然环境得到提升	4.58	4.61	0.341
	我的家庭居住条件得到改善	4.63		0.332
经济资本	我的收入有了明显增长	4.54	4.09	0.433
	我可以很容易地申请银行贷款或国家帮扶政策	3.63		1.288
人力资本	我对如何从事旅游服务的知识和技能有了提高	4.29	4.38	0.737
	我还学到了其他一些新的知识和技能	4.46		0.443
社会资本	我认识了很多游客朋友	4.71	4.59	0.303
	我的邻里关系变得比以前好了	4.46		0.433
制度资本	我积极地参与村里的旅游发展	4.54		0.346
	我可以共享村里旅游发展所得的利益	4.58	4.52	0.341
	我对目前村里的旅游收益分配方式感到满意	4.46		0.433
	我提出的意见建议能够得到村委会的采纳	4.50		0.522

注:生计资本变化感知得分由 1—5 反映了对问项的认可度由弱到强

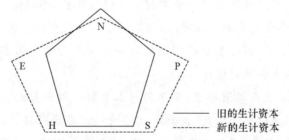

图 4.8　三清山世界遗产地发展旅游后生计资本变化示意图

来源:Su et al(2016)

(4) 生计结果

生计结果包含微观个体的生计结果和宏观村落的生计结果两部分。微观而言,反映在居民生计资本的增加,见上述分析;宏观来看,目前袁家村整体旅游发展趋势良好,在整个关中地区起到了引领和示范作用。总之,宏观和微观达到了和谐统一。

（三）从业者生计与生活转变

从业者作为袁家村旅游活化过程中的一类重要群体，旅游带来其生计方式转变为以餐饮、住宿接待、旅游商品买卖、特色商品买卖等为主的服务业。下文应用可持续生计理论，结合问卷和访谈数据，分析从业者在旅游发展后的脆弱性背景感知、生计资本变化感知及生计结果转变。

（1）从业者基本信息分析

研究发放从业者问卷共 240 份，有效问卷 168 份。抽样样本的基本信息及对比如表 4.7 所示。从业者问卷发放地点包括农家乐街、小吃街、回民街、祠堂街、书院街、康庄老街、艺术长廊和酒吧街、关中古镇八条街道。其中填写不完整的问卷全部被认为无效。

总体来看，稳定从业 1 年及以上的人数占多数，比例为 68.5%。从业者主要来自烟霞镇，占 53.0%，外省占 9.5%，外省从业者来自甘肃平凉市、黑龙江哈尔滨市、河南省南阳市、洛阳市和三门峡市、浙江温州市和台州市、宁夏银川市和固原市、江苏省南京市、山西省临汾市等。问卷样本女性居多，占比 61.9%；年龄多处于 18~60 岁；学历以初中或高中居多，占比 72.6%，研究生及以上学历人数为 0；月收入 2000~3000 元人数最多，占比 48.2%，月收入万元以上人数极少。78.6% 的从业者都是由亲戚朋友介绍到袁家村就业，63.1% 的人平日都是回家住，69.0% 的人知道袁家村的农民合作社，但只有 25.0% 的人加入了合作社。当有意见或建议时，44.6% 的从业者会直接向店铺老板反映问题。由此可知，从业者以袁家村附近地区的中青年劳动力居多，受教育水平较低，大部分从业者就近居住。

> 我们家就在隔壁村子，今年周围三个村子都合并到袁家村了，成了一个大村，我以前是农民，我老伴 20 多年一直在周围村子卖爆米花，现在我们不种地了，但我们有爆米花手艺，就在袁家村创业了，很多老外还品尝过我的手艺呢，咱们跟国外的爆米花可很不一样啊，这个得靠经验，不靠机器。（C10）

就每条街道来看，通过问卷调查可以总结其从业者的基本特征。从业年限与街道建成时间有关，农家乐街、小吃街、祠堂街建成时间较早，因此从业者多稳定就业 1 年及以上，书院街刚刚开业，就业往往不满 1 年。小吃街主要体现关中饮食风格，外省从业者极少，其他街道则有不同程度的外地务工者，并且小吃街主要以家庭作坊为主，店铺老板大都年龄较大、学历较低，但收入较高,他们从祖辈或亲戚朋友处传承了传统手艺如豆腐脑、手工搓搓、手擀面、肉夹馍等。田野调查中也发现小吃街是袁家村人气最旺、游客消费最多的地点。回民街有部分来自宁夏的从业者,主要以清真回民饮食制作为主。早期从业者来袁家村就业大都通过口碑相传,到目前为止袁家村并没有对旅游发展进行大肆宣传。外省从业者中,一部分是因自身掌握传统饮食技艺,在袁家村开店铺;另一部分则是看到商机,追求商业价值的经营行为。

> 我是被袁家村村集体请过来的,我老家在陕北榆林,我们那的特色是土豆搓搓,很好吃,纯手工,工序很复杂,我来袁家村有一年多了,生意不错,有得赚。(C5)。

(2) 从业者脆弱性背景感知分析

按照可持续生计框架,问卷设计了测量从业者脆弱性背景感知的指标9项。样本得分及对比情况见表4.8,数值越大,说明脆弱性感知越强。

首先,从总体上看,从业者对季节维度的脆弱性感知最强,为3.77,说明旅游的季节性对生计活动影响最大。其次是趋势,说明从业者认为国家经济发展情况会影响他们从事旅游服务的收入。然后是制度的影响,最后,冲击维度的脆弱性感知最弱,其中自然和社会冲击感知最弱,分别为2.39和2.22,小于3,说明大部分从业者认为这项因素不会对其生计活动产生影响,经济冲击感知稍强。从业者对脆弱性感知背景感知由强到弱依次为季节性、趋势、制度和冲击,与居民感知稍有差异。

> 游客多的时候,生意很好做,一波一波游客,供不应求;人少了,我们就闲了没事干了,那时还真有点不习惯。我们当然很担心国家发展啦,国家经济好,大家都有钱,就会来消费,吃吃喝喝,玩得也开心。(C6)

从街道情况来看,各条街道对于冲击维度中自然和社会冲击感知得分较小,均小于3,说明自然和社会冲击对他们影响不大。酒吧街从业者认为经济冲击对他们影响最大,为4.36。由于酒吧街和艺术长廊的业态主要以现代休闲、创新性工艺品为主,其消费受到游客经济收入水平影响最为明显,同时消费群体主要以年轻人为主,地域性差异和地方特色不明显,属于附属旅游产品,因此从业者对于经济冲击的感知最为强烈。就趋势维度来说,感知影响较大的前三名依次是农家乐街、祠堂街和关中古镇从业者。对季节性感知影响较大的依次为关中古镇、农家乐和祠堂街从业者。关中古镇在袁家村整个产品体系中处于特殊地位,目前关中古镇的发展并未得到袁家村村集体支持,很多店铺仍处于招商状态,店铺经营业态与关中特色相差较大,游客到访率不高,这是造成关中古镇从业者总体脆弱性感知最高(4.75)、抗风险能力感知最低(3.0)的主要原因。虽然关中古镇样本数较少,但通过访谈也可以了解到,从业者的积极性受到打击,对现状持悲观态度。农家乐街从业者对制度维度的脆弱性感知水平最高,分别为 4.06 和 3.65,说明农家乐经营活动受国家和村集体政策影响程度较大。如国家公休假、带薪休假政策会影响游客逗留时间;村集体对农家乐的指导及扶持力度也会影响农家乐的整体发展走势。

这条街建设分几期,从 2011 年就建好部分,开始对外招商了,一开始生意不错,游客也很多,后来我听说袁家村村委会和投资商闹了矛盾,还把关中古镇入口处用砖墙堵了起来,不让游客进来,之后关中古镇生意就不好做了。你看现在入口那里还有痕迹呢。现在很多店铺都歇业、倒闭了,尤其是淡季,几乎没有游客到这里来。(D10)

我和我老伴帮着我女儿看管这个农家乐,我老伴原来是袁家村的,嫁给我之后就成了外村人,我女儿又嫁到袁家村了,想到六七十年代,袁家村穷的没有谁家愿意把闺女嫁过来,现在可不一样了,袁家村人找媳妇还得看学历呢,都是高才生。袁家村对村民开展农家乐一直都很支持,现在农家乐的生意不如前几年了,领导在想办法帮我们转型升级,打造特色。(B6)

(3)从业者生计资本变化感知分析

按照可持续生计框架,问卷设计了测量从业者生计资本变化感知的指标 9 项和总体满意度 1 项。样本得分及对比情况见表 4.9,数值越大,说明生计资本变化越大,改变程度越高。

从总体上看,序号 5"认识很多游客朋友"(4.37)、序号 1"自然环境好"(4.21)、序号 8"村委会对待从业者政策和态度好"(4.17)三项得分最高。袁家村融洽的氛围为游客和从业者积极互动提供了外在环境,袁家村出售的食品及其他物品质量高,很多游客都是回头客,往往忠诚于几家店铺,因此和店铺经营者建立了良好关系。袁家村一直有专门人员进行管理,因此卫生条件和整体环境保持较好,村集体要求农家乐街道中的每家每户,每天都要打扫自家门前所属街道和空地,因此游客在袁家村鲜见垃圾,也很少有随手乱扔垃圾的游客。

我们家的蜂蜜绝对货真价实,是传统中华蜂也就是小蜂采集多种花蜜而成,这些中华蜂放养在高海拔无污染山区,蜂蜜自然形成沉淀,不添加任何防腐剂和糖精,比市场超市里卖的蜂蜜更有品质保障。我们这顾客都是回头客,吃得好自然还要买,可以直接电话或微信,我直接邮寄发货。每年这些蜂蜜产量有限,卖完了就没有了。(D1)

从街道情况来看,农家乐街和小吃街从业者对生计资本变化感知最为明显,他们对五大生计资本的提升及总体满意度普遍高于其他街道(得分均大于4);关中古镇从业者对各个生计资本感知及总体满意度则最低(得分2.5)。对生计资本提升的感知与经济收入密不可分,通过访谈发现,经济收入高的从业者往往满意度也较高。小吃街生意火爆,从业者收入普遍较高,属于袁家村的核心旅游产品,是体现关中特色的招牌和价值核心。同时,小吃街合作社将袁家村居民与家庭小吃作坊从业者利益紧密联系在一起。因此这两条街道从业者在袁家村旅游发展过程中的生计资本变化感知最强。

(4) 生计结果

在经济层面,袁家村旅游从业者收入在周围村镇处于较高水平,这也是吸引人口持续不断来袁家村的重要原因。当然,收入分化与不平衡、部分从业者满意度不高是旅游发展中存在的必然现象。在社会层面,袁家村从业者之间、从业者与居民游客之间相处良好,氛围和谐。在自然环境层面,从业者的居住和工作条件有保障。因此微观的生计结果良好,并与宏观村落旅游发展协调统一。

(四) 旅游生产与消费

旅游活动的重要特点之一是生产与消费同时进行。基于袁家村的自然资源条件,旅游将其活化为旅游观光产品、旅游纪念产品和旅游餐饮。正是由于袁家村的地方建筑特色如关中风格建筑外貌,地方手工技艺如辣子、粉条、麻花、挂面,地方手工艺品如铜器等得到了传承和发扬,手工艺人重新找回了其存在的社会价值和意义。通过对袁家村部分历史遗迹的重建和恢复,旅游还活化了其历史和文化,让更多游客能够了解袁家村的过去,增进对袁家村的亲切感。

传统村落旅游活化可持续路径第一层之物质层体现在旅游发展改变了袁家村的建筑、景观、业态、居民生计与生活。旅游活化了袁家村的传统建筑、传统生活场景、传统手工技艺、传统手工艺品。这种更新与转变既要体现和反映传统村落的历史与文化,又要迎合当代游客的消费和休闲需求。对于遗存的建筑和遗产,要尽量在不破坏其外形的条件下进行内部更新改造;对于重建的建筑,则要在材料和风格上与地方特色相统一,打造具有地方性的差异化旅游吸引物。

表 4.7 八条街道从业者样本基本信息及对比

基本信息	具体内容	书院街	祠堂街	回民街	小吃街	农家乐街	酒吧街和艺术长廊	康庄老街	关中古镇	总计	百分比
有效样本数		36	30	30	29	17	11	11	4	168	100%
从业情况	稳定（1年及以上）	17	26	15	25	14	7	8	3	115	68.5%
	临时（不到1年）	19	4	15	4	3	4	3	1	53	31.5%
家乡	烟霞镇其他村	16	11	15	20	15	4	7	1	89	53.0%
	礼泉县其他乡镇	7	4	2	7	2	2	2	1	27	16.1%
	咸阳市区或其他县	3	7	3	1	0	0	0	0	14	8.3%
	陕西省内除咸阳市以外其他城市	7	3	6	1	0	3	1	1	22	13.1%
	外省	3	5	4	0	0	2	1	1	16	9.5%
性别	男	18	15	7	16	5	2	1	0	64	38.1%
	女	18	15	23	13	12	9	10	4	104	61.9%
年龄	18岁以下	0	0	4	0	0	0	1	0	5	3.0%
	18~30岁	24	11	12	7	8	8	6	3	79	47.0%
	31~60岁	12	19	14	20	9	3	3	1	81	48.2%
	60岁以上	0	0	0	2	0	0	1	0	3	1.8%

续表

基本信息	具体内容	书院街	祠堂街	回民街	小吃街	农家乐街	酒吧街和艺术长廊	康庄老街	关中古镇	总计	百分比
文化程度	小学及以下	0	0	3	1	1	0	0	0		3.0%
	初中或高中	22	24	20	24	13	8	10	1		72.6%
	本科或大专	14	6	7	4	3	3	1	3		24.4%
	硕士或博士	0	0	0	0	0	0	0	0		0.0%
个人月收入	小于1000元	0	7	11	0	1	3	4	0		0.6%
	1000~2000元	8	7	11	3	0	3	4	0		21.4%
	2001~3000元	17	14	14	13	11	5	6	1		48.2%
	3001~4000元	4	6	1	4	1	1	1	0		10.7%
	4001~5000元	3	0	0	1	3	1	0	0		4.8%
	5001~10000元	3	2	2	5	1	0	0	2		8.9%
	10000元以上	1	1	2	3	0	1	0	1		5.4%
收入来源	全部来自旅游	4	8	13	8	10	4	0	1		28.6%
	大部分来自旅游	16	13	3	17	4	1	4	2		35.7%
	小部分来自旅游	7	6	6	4	3	4	2	1		19.6%
	与旅游无关	9	3	8	0	0	2	5	0		16.1%
就业渠道	亲戚朋友介绍	28	22	26	22	12	11	9	2		78.6%
	网络、纸质宣传媒介	8	8	4	7	5	0	2	2		21.4%

续表

基本信息	具体内容	书院街	祠堂街	回民街	小吃街	农家乐街	酒吧街和艺术长廊	康庄老街	关中古镇	总计	百分比
居住情况	住在袁家村	14	17	12	9	3	3	2	2		36.9%
	不住袁家村	22	13	18	20	14	8	9	2		63.1%
提建议途径	直接向店铺老板反映	16	7	21	9	6	7	8	1		44.6%
	直接向村委会反映	11	6	5	9	8	3	1	3		27.4%
	村委会定期收集	9	17	4	11	3	1	2	0		28.0%
是否知道合作社	知道	23	24	16	26	13	4	9	1		69.0%
	不知道	13	6	14	3	4	7	2	3		31.0%
是否加入合作社	加入	2	9	1	19	9	0	2	0		25.0%
	不加入	34	21	29	10	8	11	9	4		75.0%

来源：根据问卷结果绘制

表 4.8 八条街道从业者样本脆弱性背景感知及对比

具体内容		序号	书院街	祠堂街	回民街	小吃街	农家乐街	酒吧街和艺术长廊	康庄老街	关中古镇	总体平均得分	方差
脆弱性背景	冲击	1	2.31	2.67	2.47	2.28	2.18	2.55	2.73	1.00	2.39	1.653
	趋势	2	2.11	2.53	2.40	2.17	1.94	2.27	2.18	1.00	2.22	1.670
	季节性	3	2.94	3.37	3.30	3.10	3.00	4.36	2.91	3.00	3.21	2.094
	制度	4	3.11	3.73	3.37	2.97	3.82	3.00	2.91	3.50	3.30	1.566
		5	3.71	4.07	3.80	3.38	4.29	3.55	3.27	4.50	3.77	1.213
		6	3.22	3.60	3.27	3.03	4.06	2.70	3.00	2.50	3.29	1.447
		7	3.22	3.40	3.20	3.14	3.65	3.40	2.36	3.50	3.24	1.629
	总体感知	8	3.17	3.87	3.17	3.04	3.88	3.27	3.55	4.75	3.41	1.256
	抗风险能力	9	3.50	3.57	3.60	3.38	3.82	3.36	3.00	3.00	3.49	1.185

来源：根据问卷结果绘制

表 4.9 八条街道从业者样本生计资本感知及对比

	具体内容	序号	书院街	祠堂街	回民街	小吃街	农家乐街	酒吧街&艺术长廊	康庄老街	关中古镇	总体平均得分	方差
生计资本感知	自然资本	1	3.58	4.00	4.40	4.69	4.59	4.09	4.18	3.00	4.21	1.064
	经济资本	2	3.81	3.17	3.60	4.34	4.41	3.55	3.73	3.25	3.73	1.062
	人力资本	3	3.78	3.93	3.86	4.45	4.65	3.82	3.82	4.00	4.04	0.799
		4	3.69	3.97	4.23	4.21	4.71	3.73	4.20	2.75	4.06	1.045
	社会资本	5	3.50	4.23	4.17	4.41	4.88	7.27	4.00	3.50	4.37	9.899
		6	3.81	3.93	3.70	4.38	4.82	4.00	3.64	3.00	3.93	1.288
		7	3.64	4.23	3.80	4.38	4.88	3.73	4.00	3.25	4.08	1.174
	制度资本	8	3.42	4.23	4.23	4.59	4.65	4.09	4.18	3.25	4.17	0.970
		9	3.61	3.57	3.60	4.10	4.06	3.27	3.73	2.25	3.64	1.009
	总体满意度	10	3.58	3.57	4.03	4.28	4.41	3.73	4.00	2.50	3.88	1.147

来源：根据问卷结果绘制

4.2 社会层：组织与关系

旅游活化 MSS 路径模型中的第二层社会层主要分析旅游发展如何给袁家村带来新的社会组织和关系形式，从而改变了传统的农村社会结构；结合社会交换理论和行动者网络，社会层中的多元利益主体在袁家村旅游活化过程中如何实现协调统一。

袁家村，顾名思义，历史上早期居民都是袁姓，经过 1000 多年发展，现在有 8 个姓氏，人数最多的是郭姓，然后是袁姓、王姓，另外还有 5 个小姓。袁家村的社会组织中存在家族关系，但不如南方宗族那样明显。纵观全国，北方的宗族与家族观念整体上弱于南方，可能是由于历史上战乱的影响及离政治中心较近，近代以来乡村遭到的破坏较为严重。村集体这一政治组织形式和家族这一社会组织形式是袁家村发展旅游之前的基本社会组织形式。发展旅游后，袁家村由一个 200 多人的社区团体发展成为近 3000 人的社区团体，其社会结构更加开放、社会组织关系更加复杂。以实现农民日益增长的美好生活为目标，袁家村集体号召组织成立了基于旅游产品的农民合作社。合作社成为联结袁家村及其周围地区村民的主要形式，承担了社会与经济功能。

4.2.1 社会组织：基于旅游产品的农民合作社

袁家村的农民合作社主要有小吃街合作社和几大作坊合作社。社员以本村和周围乡镇的村民为主。田野调查中发现，袁家村将几大作坊合作社和小吃街合作社的入股名单进行了公示，到访游客可以清晰了解袁家村农民合作社的入股情况（见图 4.9）。各个作坊的入股总资金、总人数及本村与外村人员比例见表 4.10。从表 4.10 中可以看出，入股资金前三名分别为辣子、醋和酸奶合作社，入股人数前三名分别为辣子、酸奶和醋合作社；所有合作社的外村人员比例均大于本村人员比例，说明袁家村在吸引资金时兼顾了外村村民，将周围地区的居民与袁家村的发展紧密联系起来，形成合作共同体，双方互惠互利。

下文结合可持续生计理论，分析居民和从业者两大主体在旅游活化过程中生计策略转变的社会制度安排，这些转变也是基于袁家村以合作社为基础的基本社会组织形式。

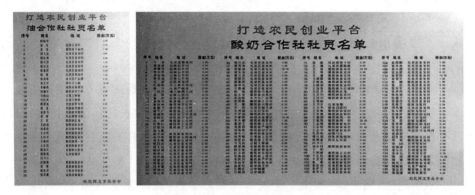

图 4.9 农民合作社图片

材料来源:摄于袁家村小吃街墙壁

表 4.10 袁家村作坊街作坊合作社入股成员一览

序号	合作社名称	入股资金（万元）	入股人数	本村人员比例		外村人员比例①	
				数量	比例	数量	比例
1	豆腐合作社	230	96	39	40.63%	57	59.37%
2	面合作社	100	40	13	32.50%	27	67.50%
3	醋合作社	349.75	108	37	34.26%	71	65.74%
4	酸奶合作社	330	140	56	40.00%	84	60.00%
5	粉条合作社	190.02	53	26	49.06%	27	50.94%
6	辣子合作社	400	164	60	36.59%	104	63.41%
7	醪糟合作社	150	11	5	45.45%	6	54.55%
8	油合作社	200	33	11	33.33%	22	66.67%

① 地址不详者归为外村人

（一）居民生计策略转变的制度安排分析

在整个袁家村发展历程中,地方居民的生计策略由传统农业转向工业再转向以旅游业为主的服务业,制度安排起了非常重要的作用。整个转型过程并不是自发进行,而是在村集体领导下重构了居民的生计策略。下面具体分析居民生计策略转变的制度驱动机制。

正式制度包括国家对旅游业特别是乡村旅游业的重视;袁家村村集体在旅游发展中采取集体统一管理、股份制分配旅游收益的农民合作社形式。袁家村自 2007 年发展乡村旅游以来,特别是 2010 年后,受到了从咸阳市到国家层面的重视,先后被授予若干荣誉称号(见表4.11),反映了袁家村旅游发展成果已得到了国家层面的肯定。在村级层面,村集体是袁家村发展转型的主要推动因素。2007年,袁家村村集体做出发展乡村旅游的重要战略转向,初期以开展农家乐为主,并要求党员带头引领示范。早期村民对开展农家乐的兴趣并不高,对旅游采取保守态度,当经济效益逐渐凸显后驱动农家乐数量增多。后期,在面对利益分配问题上,袁家村采取了农民合作社形式这一劳动形式和入股分红的分配方式,通过村集体会议介绍投资项目,村民集体入股,把周边村镇贫困人口吸纳到产业发展中,提高了贫困人口自我发展的意识和能力,较好地协调了村民利益和外来商户利益,将两者的共同利益联系在一起,减少了竞争带来的损耗,促进了整体发展。

表4.11 袁家村所获荣誉称号一览

年份	荣誉称号	评定机构
2011	中国最有魅力休闲乡村	中华人民共和国农业部
2011	国家特色景观旅游名村	中华人民共和国住房和城乡建设部
2012	全国一村一品示范村	中华人民共和国农业部
2013	中国最美村镇人文奖	中国最美村镇评选活动编委会
2013	咸阳市乡村旅游示范村	咸阳市旅游景区质量评定委员会
2014	中国十大美丽乡村	CCTV
2015	中国乡村旅游创客示范基地	中华人民共和国国家旅游局
2016	国家4A级旅游景区	全国旅游景区质量评定委员会
2016	乡村旅游研究基地	中国社会科学院舆情调查实验室

材料来源:参考村史馆和网络资料整理

非正式制度包括传统社会结构和道德约束。袁家村村民主要以郭姓、袁姓和王姓为主,村民之间也大都存在血缘关系,有着传统宗亲社会的基本特点,村民行为靠传统道德和习俗约束,社会结构比较稳定。虽然发展了旅游,但由于村集体的不定期教化和非正式制度约束,民风淳朴,村民之间并未因为旅游竞争而产生矛盾。村民之间的和谐与信任成为袁家村居民的重要品质。总结袁家村居民生计策略转变的制度驱动机制如图4.10所示。

你知道吗,袁家村的民风非常好,在书院街那边的公共厕所,卫生间里放着纸巾,旁边有个盒子,一元一包,全靠大家自觉遵守,你觉得其他搞旅游的村子能做到吗?这就是袁家村的魅力所在,还有小吃,都是良心活,不

掺假,在城里吃的都是地沟油,这里的原料我吃着绝对放心。(E2)

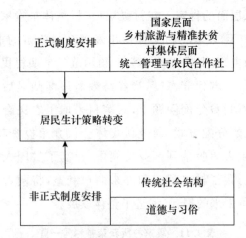

图 4.10　袁家村居民生计策略转变的制度安排

(二) 从业者生计策略转变的制度安排分析

袁家村在旅游发展过程中吸引了大量周边劳动力就业,这成为袁家村就地城镇化的重要特点。这些从业者主要分为三类:一类人员具有相关传统手艺或技能,通常以家庭形式进行经营,如各种作坊、小吃店老板;一类人员是企业家,一般投资客栈、酒店和茶馆等;一类人员不具备专业技能,通过出卖劳动力为店铺老板打工,如店铺雇佣的工作人员,他们从事的业态多样化。从业者问卷主要针对第一类和第三类人员进行。

首先对于第一类一般店铺经营者,村集体采取的政策措施如表 4.12 所示。袁家村采取农民合作社与入股形式是为了保障旅游发展的经济收益能够全民共享。其次对于企业家,袁家村也有一些优惠政策。以王家茶馆和童继功茶馆为例,在访谈中了解到该茶馆经营者当年的心酸历史。

表 4.12　袁家村集体发展旅游过程中对从业者的态度与政策

时间序列	措施
早期作坊引入	免费提供经营场地
中期小吃街引入	小吃街项目募集入股,除分红外留出备用资金用于基建
后期管理与保障	收入统一管理与分配,建设集体小产权房出售,与开发商协商街道的产品业态与收入分配方式

信息来源:根据田野调查整理

我们老板最初是咸阳一家茶叶店老板,袁家村开展旅游后,他来到袁家村开茶馆,当时游客并不算多,我们老板很是担心经营状况,后来村书记鼓励他继续做下去,果然越做越好,我们老板在袁家村挣了钱,自然要回馈,于是又在袁家村开了两家生活客栈、一个酒吧,生活客栈都是我们老板自己亲自设计,非常用心,他希望袁家村能够越做越好;村里也给了我们老板一个特殊身份——袁家村户口。(D8)

现在村里的商品房楼(社区楼)是为了给商户进行配套用的,1200元/平方米,成本价,不是为了挣钱。一般打工的离袁家村较近。很多商户老板买的房子还给员工住。2013年建设,2014年底住进去。现在第七栋楼还在建设,楼房都配备有暖气。袁家村现有商户数量共500多户,常驻就业人口3000人左右。(A2)

袁家村现在发展旅游是全民皆兵,不仅是袁家村村民,其他村村民、商户和员工都可以入股,不论钱多少,1000元也可以。为了带动本村和周边十几个村的村民集体致富,给予每个人入股的权利。最初,很多人不相信,后来看到入股的人有了可观的分成,也都开始入股,入股的钱数也变得越来越多。(A2)

之前的小吃街合作社已经满了,就不再入股。商户和村民有微信群,每当有新项目都会在群里发公告。比如西安银泰商场小吃城袁家村分店也是这种模式。因为袁家村的项目效益都很好,外来投资商想按照1∶100折股份进来我们也不接受,只让村民1∶1的入股进来。(A2)

祠堂街、回民街和书院街的产权是按照外来投资商和袁家村8∶2的比例。解决了现在很多村一锤子买卖,农民不能持续受益的问题。财务全部统一,中国邮政储蓄银行来收钱,直接存银行。每个店铺有摄像头监控。祠堂街、回民街和书院街是按照整个街道来的。袁家村对接街道,街道投资商再对接商户。由村里直接投资的街道如小吃街、艺术长廊、酒吧街和康庄老街则由袁家村直接对商户。外来投资商与商户的关系就比较复杂了。财务报表分3份,投资商、袁家村、商户一方一份。(A2)

我们每天收的钱要放到盒子里,你看上面还有摄像头呢!然后晚上闭店前有银行人员统一点数拿走,每月按照当时我们与开发商签订的合同进行分配。袁家村与开发商一起合作的街道都是这样管理,他们不会

让开发商占啥便宜。(C9)

袁家村在旅游活化过程中建设的主要街道,其投资模式、运营模式、土地所有权情况如表 4.13 所总结。

表 4.13 袁家村各街道情况一览

营业时间	街道名称	投资模式	运营模式	土地所有权
2007 年	农家乐街	原有宅基地	由村民居住和经营,部分村民对外租赁	袁家村村集体
2007 年	康庄老街	合作社入股投资	小吃街合作社形式	袁家村村集体
2009 年	小吃街	合作社入股投资	小吃街合作社形式	袁家村村集体
2010 年	酒吧街	合作社入股投资	小吃街合作社形式	袁家村村集体
2012 年	艺术长廊	合作社入股投资	小吃街合作社形式	袁家村村集体
2011 年	关中古镇	外来投资商	外来投资商独家运营	外来投资商
2015 年 8 月	祠堂街	外来投资商+袁家村	外来投资商和袁家村共同运营管理	外来投资商+袁家村
2015 年 10 月	回民街	外来投资商+袁家村	外来投资商和袁家村共同运营管理	外来投资商+袁家村
2017 年 1 月	书院街	外来投资商+袁家村	外来投资商和袁家村共同运营管理	外来投资商+袁家村

信息来源:根据田野调查整理

4.2.2 社会关系:旅游中的主客关系

根据社会交换理论,旅游过程包含了不同利益主体之间的交换行为,当利益主体从交换中获得的收益等于或大于付出的成本时,利益主体将倾向于参与旅游,并忍受旅游发展带来的负面影响。旅游介入传统村落后,传统的社会关系受到游客和从业者的冲击而发生变化。传统上,村落以生活在其中的居民之间的人际互动与交流为主;现在,旅游带来的人流使居民与游客之间的关系成为传统村落的主要社会关系,即主客关系,这是旅游活化与其他活化途径的重要差别。居民与游客之间的关系反映在居民与游客的互动、居民对村落生活的满意度、支持度和游客动机与满意度上。

大部分游客到袁家村旅游都居住在开展农家乐的居民家中,因此增进了游客和居民的交流与接触。通过访谈了解到,大部分游客对袁家村的村风建设感到十分满意,居民热情好客,袁家村的食品也让他们感到安全和放心。

部分居民经常流连于茶馆和戏楼,与游客谈天说地。下文再结合问卷调查结果进行分析。

(一)居民满意度与支持度

表4.14列出了居民问卷所反映的总体生活满意度和旅游支持度,居民感知水平都较高,其中旅游支持度接近5,说明居民对旅游发展所带来的效果非常满意,袁家村旅游发展已经成为全村居民的共同发展目标。

表4.14 居民对旅游发展的满意度和支持度

问项	得分	方差
生活满意度	4.67	0.637
旅游支持度	4.92	0.282

注:得分由1—5反映了程度由弱到强

(二)游客动机与满意度

(1)游客基本信息分析

研究共发放游客问卷120份,其中回收119份,有效问卷104份。其中男女问卷比例基本均衡,分别为49.0%和51.0%。年龄分布在18～30岁居多,占60.6%;其次是31～60岁,占36.5%;18岁以下和60岁以上的被调查者共有3个。文化程度以本科或大专为主,占71.2%,其次是初中或高中,占26.9%。平均月收入在3001～5000元人数最多,占45.2%;其次是1000～3000元和5001～10000元。被调查游客35.6%来自咸阳市,28.8%来自西安市,13.5%来自陕西其他城市,22.1%来自外省,其中有北京市、福建省泉州市、甘肃省庆阳市、河北省邯郸市、河南省开封市和洛阳市、湖南省常德市、宁夏固原市、青海省海东市、山东省潍坊市、山西省运城市、上海、四川省自贡市、天津市、新疆乌鲁木齐市和伊宁市,还有1位调查者来自马来西亚。可以看出袁家村的游客来源十分丰富,已在省内外形成一定知名度,不仅成为咸阳市民的休闲目的地,而且成为全国性的旅游目的地。

大部分到访游客已参加工作,占70.2%,另外学生群体占16.3%,不工作游客占10.6%,退休人员占2.9%。45.2%的游客是第一次来,39.4%的游客来过多次,15.4%的游客是第二次来。游客出行方式以自驾为主,占62.5%;27.9%的游客乘坐公共交通,即袁家村大巴车;9.6%的游客是团队包车或租车。与朋友或同事同游的人数最多,占58.7%;其次是与家人亲戚一起出游,占 39.4%；只有 2 人独自前来。89.4%的游客当天玩完就走了，没有过夜，这部分游客以体验袁家村的关中风情和美食为主，说明袁家村在吸引游客逗留方面还有较大努力空间。大部分游客（95.2%）都是特地来袁家村游玩。游客的基本信息和旅行行为方式见表 4.15。

表 4.15　游客的基本信息及行为方式

基本信息	问项	数量	百分比
性别	男	51	49.0%
	女	53	51.0%
年龄	18 岁以下	1	1.0%
	18～30 岁	63	60.6%
	31～60 岁	38	36.5%
	60 岁以上	2	1.9%
文化程度	小学及以下	0	0.00%
	初中或高中	28	26.9%
	本科或大专	74	71.2%
	硕士或博士	2	1.9%
平均月收入	小于 1000 元	13	12.5%
	1000～3000 元	21	20.2%
	3001～5000 元	47	45.2%
	5001～10000 元	20	19.2%
	1 万元以上	3	2.9%
游客来源	咸阳市	37	35.6%
	西安市	30	28.8%
	陕西其他城市	14	13.5%
	外省	23	22.1%
工作状况	是学生,未参加工作	17	16.3%
	已参加工作	73	70.2%
	已经离退休	3	2.9%
	不工作,在家	11	10.6%

续表

基本信息	问项	数量	百分比
到访次数	第一次来	47	45.2%
	第二次来	16	15.4%
	来过多次	41	39.4%
交通方式	自驾	65	62.5%
	公共交通	29	27.9%
	团队包车或租车	10	9.6%
同行情况	家人或亲戚	41	39.4%
	朋友或同事	61	58.7%
	独自一人	2	1.9%
过夜情况	当天玩完就离开了	93	89.4%
	在此留宿至少一夜	11	10.6%
目的性	特地来	99	95.2%
	顺路经过	5	4.8%

数据来源：根据问卷整理

(2) 游客动机分析

询问游客认为袁家村具有吸引力的因素，共列出18项，按照李克特量表进行打分，每项的平均分和方差如表4.16所列。其中平均分大于4的问项有：袁家村可以让我自由、随意地逛，没有人束缚我(4.21)；我可以和家人、朋友一起度过美好时光(4.20)；我喜欢袁家村的仿古房子、庙宇、戏台等特征性建筑(4.13)；袁家村的传统美食吸引着我(4.12)；袁家村可以让我身心得到放松(4.11)；我喜欢袁家村的非物质文化遗产和手工艺品(4.07)。提炼关键词并按照得分高低先后排序分别为：自由、团聚、传统建筑、美食、放松、手工艺遗产。以上分析可以看出袁家村吸引游客的主要因素。袁家村空间大，不拥挤、不嘈杂(3.42)；袁家村消费低(3.36)；袁家村与我家距离较近(3.26)三项得分最低，说明目前袁家村较大的客流量已经影响了游客的旅游体验，同时游客还认为袁家村的美食定价较高，消费不低，这可能由于原材料成本较高导致。

表 4.16 游客到访袁家村目的和感受打分的平均分和方差

序号	问项	平均分	方差
1	袁家村有安静平和的氛围	3.82	0.986
2	我喜欢袁家村的自然环境品质(如空气、水、树、花、草等)	3.81	1.147
3	袁家村空间大,不拥挤、不嘈杂	3.42	1.081
4	袁家村可以让我身心得到放松	4.11	0.581
5	袁家村可以让我自由、随意地逛,没有人束缚我	4.21	0.634
6	我喜欢袁家村的仿古房子、庙宇、戏台等特征性建筑	4.13	0.965
7	袁家村的传统美食吸引着我	4.12	0.919
8	我喜欢袁家村的非物质文化遗产和手工艺品	4.07	0.762
9	我希望能体验并住在袁家村的民宿、客栈	3.87	0.972
10	比起酒店、民俗和客栈,我更喜欢住在村民家里	3.76	1.097
11	袁家村可以让我了解、体验关中文化	3.97	0.824
12	我在袁家村可以进行户外活动	3.86	0.862
13	我可以和家人、朋友一起度过美好时光	4.20	0.745
14	袁家村对儿童来说是一个好的体验学习机会	3.87	0.836
15	我可以在袁家村体验乡村生活	3.88	1.042
16	我可以和本地村民进行互动交流,村民都很友好	3.89	0.833
17	袁家村消费低	3.36	1.377
18	袁家村与我家距离较近	3.26	1.728

材料来源:根据问卷整理

对游客到访袁家村的满意度分析见表4.17。从总体满意度、设施与服务满意度、重游和推荐意愿几个维度平均值得分可以看出,游客对袁家村的整体满意度均大于4,处于较满意的水平。但在认为袁家村是否符合心目中的传统村落形象方面,得分仅为3.89,小于4,说明袁家村目前的整体形象在游客心目中并未达到完美的传统村落标准,其中51.9%的游客选择比较同意,24.0%的游客选择非常同意,17.3%的游客选择没感觉,2.9%的游客选择比较不同意,3.8%的游客选择非常不同意。78.8%的游客认为袁家村的整体风貌非常有特色,能够凸显关中风格;16.3%的游客认为没有特色,跟其他地方差不多;4.8%的游客不在乎。通过与几个游客的访谈交流,发现袁家村形象与传统村落形象存在差距的原因可能有以下两个方面：袁家村的传统建筑遗存不多，与游客心目中的传统有一定差距；袁家村的商业化氛围明显，与游客心目中朴素的村落也存在一定距离。例如一位游客认为袁家村现在已经是一个现代化的旅游景点，已成为周末与亲戚朋友相约体验美食、观赏风光的目的地，对袁家村是否国家传统村落并不关心。

表 4.17 游客满意度平均分和方差

序号	内容	平均分	方差
1	总体满意度	4.16	0.507
2	旅游设施满意度	4.03	0.591
3	服务满意度	4.03	0.611
4	重游意愿	4.23	0.626
5	推荐意愿	4.15	0.617
6	我认为袁家村符合我心目中的传统村落形象	3.89	0.872
7	我认为袁家村发展旅游是对传统文化的保护和传承	4.17	0.494

材料来源：根据问卷整理

游客调查问卷中设置了一个开放式问题：袁家村给您印象最深的是（只要印象深，什么都可以），游客的回答如下：

餐饮。吃。吃的。吃的东西多。吃的多，美食集中。吃的相对比较全，可以吃到自己想吃的。多建一些儿童乐园。传统文化保存挺好。村民素质高、美食多、价格适中。弹弓。都非常喜欢。非常深。非常有特色。工艺品。古建筑很有特色。和朋友在一起的感觉。环境不是很好。集体经济发展。建筑比较有特色。建筑结构、人文风貌、小吃特色。麻花不错。没有印象。美食。美食、环境。美食、建筑。美食、人流量多。美食、特色建筑。美食多。美食挂面。民风。能从头吃到尾，吃着吃着就转回去了。能提供免费休息歇脚的比较少。让人很放松。人多。人情味浓。商家的设计风格很独特。商业气息太多。手工艺、小吃、建筑。酸奶。特别能体现关中地区的人文建筑风格。特色小吃。特色小吃比较多。体会到了小时候的农村。挺好的。文化风味。乡村文化。消费贵。小吃。小吃、土特产。小吃（辣子香）。小吃比较有特色。小吃店多。小吃丰富。小吃好吃、文化多。小吃集中、有关中农村的风格。休息放松。有各种小吃,喜欢水渠。有古朴的民俗风。有很多好吃的。有年代感的建筑。有人气。远离城市喧嚣、宁静、适合放松。只能吃,没太好的体验。只要是和爱的人一起,一切都无所谓,只要有他在,哪都好!

(三)多主体关系分析

以上分析了居民与游客之间的关系及其在动机、满意度和支持度上的反映。而其他主体之间的关系怎样呢?行动者网络理论可以方便地分析多主体间行为关系,分析由多利益主体参与的传统村落旅游活化过程及机制。基于行动者网络理论视角,下文将袁家村的旅游活化过程看作行动者网络空间的关系型聚合体,并处于不断整合的动态过程之中,分析过程分为行动者辨识、问题呈现和转译过程。

(1)行动者辨识

根据行动者网络理论的广义对称性原则,研究选取的行动者包括人类行动者和非人类行动者共11个主体,具体见表4.18,这些行动者贯穿了袁家村旅游发展的整个过程。

表4.18 袁家村传统村落旅游活化过程的行动者界定

序号	行动者	定义与说明	类别
1	上级政府	包括礼泉县政府、烟霞镇政府、咸阳市政府、陕西省政府的旅游相关部门	人类行动者
2	上一届袁家村村委会	以郭裕禄书记为班长的领导集体	人类行动者
3	本届袁家村村委会	以郭占武书记为班长的领导集体	人类行动者
4	袁家村村民	62户村民	人类行动者
5	袁家村外来经营者	以家庭、个人或微型企业为主体的经营者	人类行动者
6	袁家村外来打工者	雇佣的村外打工者	人类行动者
7	旅游开发商	与袁家村进行合作的大中型旅游企业	人类行动者
8	旅游者	到访袁家村的游客	人类行动者
9	食品安全	袁家村所提供饮食的安全性和健康性	非人类行动者
10	历史与文化遗产	袁家村拥有的物质与非物质文化遗产	非人类行动者
11	自然与生态环境	袁家村内部及其周边的自然与生态环境	非人类行动者

资料来源:分析整理

(2)问题呈现(障碍分析)

问题呈现主要分析参与袁家村旅游活化的行动者在通向各自行动目标

过程中所面临的问题和目标障碍,下面对应于表 4.18 的行动者分别进行阐释。

① 近年来,上级政府面临经济衰退、产业转型的困扰,希望在积极响应国家发展乡村旅游、乡村扶贫、就地城镇化的政策号召下,尽可能地提升所治理区域内传统村落居民的生活水平和收入水平,希望通过投资乡村建设,促进乡村发展,缩小城乡差距。

② 上一届袁家村村委会在任职期间带领袁家村脱贫致富,使袁家村村民的平均生活水平在周围乡镇中处于较高层次,但旧的以工业产业为核心的发展方式已经不适应新时代经济发展的需求。

③ 本届村委会继承了上届村委会的经济资本和社会资本,在面临袁家村转型发展问题上遇到了困难,思考如何在原有基础上带领袁家村发展得更好是其面临的难题。

④ 袁家村村民在上一届村委会的带领下过上了较为舒适的生活,但村办工业的衰败导致一些村民失业,年轻村民不愿回到村里而在城市打工。村民并没有再学习新的生计技能,部分村民只能继续从事农业生产活动。

⑤ 袁家村及其周边邻里有很多拥有传统食品制作手艺的村民,此前他们经常在村子里进行小成本经营,如卖豆腐和爆米花,如何扩大经营规模实现更多盈利、如何传承已有传统手艺,是他们面临的问题。

⑥ 此前袁家村周边村劳动力主要在咸阳市和西安市打工,离家距离远是他们面临的主要问题。

⑦ 在袁家村未发展旅游前,旅游开发商难以进入。

⑧ 袁家村离唐昭陵等旅游景点较近,但昭陵游客到访量并不高。袁家村周边虽有许多果园、采摘园等小型农家乐,但整个地区并没有能够吸引游客的精品旅游吸引物。

⑨ 近年来,食品安全问题已成为社会关注的话题,许多消费者特别是城市消费者开始追求高品质、高价格的健康食品。

⑩ 袁家村村落布局并未有较大特色,古民居等建筑遗迹不多,在物质遗存方面相比陕西省党家村可谓相形见绌;同时现有的民俗文化遗产也亟待深度挖掘,村落历史文化面临着保护与传承的压力。

⑪ 袁家村在前几年发展工业的过程中并未重视对生态环境的保护,村落景观无特色,周边许多耕地遭到废弃,整体自然与生态环境状况亟待改善。

(3) 转译过程(OPP)

基于以上问题和障碍分析,为了实现袁家村的旅游活化,满足各行为主体的目标和利益需求,需要在关系网络中实现转译以排除障碍。通过强制通行点(OPP)的过程也称转译,OPP 是吸引行动者到网络来的动力,也是把行动者连接起来的纽带。每一个行动者的利益、角色、功能和地位都会在新的行动者网络中加以重新界定、排序、赋予。只有通过强制通行点,才能满足主要行动者最为关注的利益。本届袁家村村委会在行动者网络的构成及转译过程中发挥了核心作用。通过利益赋予、征召与动员、排除异议等环节,整合所有行动者通过 OPP 形成新的行动者网络。因此这里的 OPP 定义为:通过发展旅游对传统村落袁家村进行活化。发展旅游赋予了各个行动者新的利益和行动方向。征召与动员则主要通过村委会的努力来完成,具体征召动员的对象和措施有:第一,村民动员。在村委会的发展旅游的思路方针下,鼓励本村村民开展农家乐餐饮和接待;统一管理村民耕地和集体建设用地。第二,企业动员。以村委会名义成立股份合作制企业,与外来企业进行合作,引入社会资本,投资建设旅游基础设施和旅游吸引物。第三,传统手工艺者动员。鼓励周边村镇的传统手工艺者来袁家村经营,充分保证食品安全。第四,合作平台动员。以合作社的形式解决旅游发展的部分资金问题,同时将旅游收益分配给入股成员,解决资金公平分配问题。

异议的存在说明行动者网络之间的关系一直处于变化之中,每一个异议的内容都指涉到网络未来的发展。在行动者网络转译过程中,不同主体存在异议(见表 4.19)。

表 4.19 不同行动者异议分析

行动者	异议
上级政府	政府期望以袁家村作为示范与典型,但还是希望村委会的行动能够纳入政府统一规划中,限制村委会权力。
上一届袁家村村委会	无
本届袁家村村委会	希望将袁家村打造成 5A 级旅游景区,但与上级政府及评定单位层面还没有达成统一。
袁家村村民	即使采用合作社形式,每户村民之间还是存在收入差距;小吃街及其他街道的建设对农家乐街的经营状况有所冲击。村委会正在计划提升农家乐街的经营现状。

续表

行动者	异议
袁家村外来经营者	外来经营者存在收入差距，在第三方企业的共同经营下，部分经营者持有抱怨心态。
袁家村外来打工者	外来打工者的满意度因个人期望度不同有所差异。
旅游开发商	开发商主要以营利为目的，但在经营业态上受到袁家村村委会的限制。
旅游者	由于袁家村知名度的提升，每逢节假日游客人数暴增，影响了部分游客的旅游舒适度。
食品安全	游客人数的增加给原材料的生产和加工造成一定压力。
历史与文化遗产	袁家村大部分遗产均是重建，如何进一步挖掘成为其地方性展示的难题。
自然与生态环境	虽然袁家村内部环境及卫生保持良好，但由于很多项目还处于建设和招商阶段，周边环境仍需完善提升。

材料来源：根据田野调查整理

本节强调了袁家村旅游活化过程中所引发的新的社会组织——农民合作社和新的社会关系——游客与居民互动，通过对居民和从业者生计策略转变的制度安排分析，居民满意度与支持度、游客动机与满意度的分析，从多个侧面生动立体地反映了旅游活化下的传统村落所形成的社会层较传统村落社会层的变化。变化体现在：基于旅游产品的新的组织形式压倒传统村落中的家族与邻里组织，成为主要的社会组织形式；基于旅游活动的游客与居民关系压倒传统村落中的村民关系，成为主要的社会关系形式。本节还利用行动者网络理论分析了袁家村多利益主体在面对不同问题时如何实现协调，即通过强制通行点（OPP）形成新的稳定的行动者网络。结果表明，传统村落旅游活化过程中，居民和从业者都是基本经营主体，必须充分保障其各项生计资本的增加、赋予他们平等参与旅游发展的权利，总体上来看，袁家村很好地做到了这点，使旅游发展与村落和人民福祉协调统一。需要指出，良好的管理策略和制度安排是实现社会层稳定和谐的重要保障。目前很多传统村落的旅游发展空有物质空间外壳，缺少协调多方利益主体的有效社会机制，导致旅游发展停滞，矛盾凸显。所以要实现可持续的旅游活化，必然要在物质空间更新基础上创新社会组织与关系、保障多方利益主体良好生计结果的实现。

4.3 精神层：情感与记忆

袁家村目前已经形成近3000人的旅游社区，该规模相比周边地区村落而言十分大。其中包含本地居民、外来临时打工者、外来长期打工者、外来经营者和游客。他们对袁家村的地方认同和感知如何？地方感作为研究人与环境关系的重要概念，是指个体对特定地方的积极情感联结，其主要特征是个体意欲与特定地方保持亲密关系。这种情感上的依附可以使个体获得归属感，并影响其对地方的感知、评价和行为表现，如满意度、忠诚度、感知利益和成本、环境态度和行为等。研究将地方感分为功能性的地方依赖与情感性的地方依恋两个维度，并调查了居民、从业者等不同主体的地方感感知。

4.3.1 居民地方感

袁家村居民的地方感感知主要通过问卷调查获取。问卷设计了居民地方感感知测量项共14项，其中两个维度分别有7项（见附录2居民问卷），表4.20列出了得分基本情况。

功能性地方依赖主要从生活舒适度、物价和成本、休闲娱乐设施、教育、医疗、安全和整体氛围7个测量项调查居民对袁家村的感知。其中生活(4.58)和安全有保障(4.54)两项得分最高。结合居民访谈内容，生活方面，居民普遍认为在袁家村生活非常便利，村落与周围地区交通联系密切，购买生活必需品和出行均十分方便；安全方面，袁家村更是无偷盗抢劫现象，居民和从业者会自觉维护治安安全，村委会在各街道配备广播，将游客遗留物品、停车挪车、突发事件、雨雪天气预报等信息及时传达给游客，增强了游客对袁家村的信任感和对村民的友好程度。对物价和成本(4.08)、休闲娱乐设施(4.08)两项感知得分最低，通过访谈了解到，居民认为袁家村的物价水平在发展旅游后是有所增长的。村民未失地之前还可以种些蔬菜自给，现在招待游客和自家消费的蔬菜、肉类都要到镇里市场购买，生活成本有所增加。村民对袁家村中供本村人消遣的休闲娱乐设施数量感知得分也相对较低。村中主要的休闲场所是袁家村大剧院(见图4.11)，会不定期为村民发放一些免费票，对外则收费；村中还缺少一些带有健身器材的公共休闲空间；对游客开放的各个街道中，除了村民可以在茶楼免费喝茶外，没有其他优惠项目。有关环境氛围方面,村民态度不一:越来越多的游客到访确实造成了袁家村的热闹和嘈杂,但这也体现了袁家村作为一个旅游目的地正处于它生命周期的上升阶段,并且居民的旅游获益度可以在一定程度上弥补游客所带来环境变化上的消极影响。

情感性地方依恋主要从喜爱程度、不迁居意愿、自豪感、推荐意愿、对地方文化的喜爱程度、保护自然环境意愿与传统文化意愿七个方面调查居民对袁家村的感知。从表4.20中可以看出,该维度各项得分均较高,说明居民情感感知呈现非常积极的一面,其中保护传统文化的意愿最为强烈(4.83)。村民都十分了解,袁家村发展到目前盛况,除了村委会的正确指导、村民的密切配合外,最重要的是袁家村所呈献给游客的以挖掘传统文化为特色的旅游产品,这是袁家村区别于其他村落的核心竞争力所在。所以村民保护袁家村传统文化的自觉性和意愿十分强烈。访谈中了解到,村民不愿离开袁家村的意愿非常强烈,并且以身为袁家村人而备感自豪。

表 4.20 居民地方感感知得分

维度	序号	测量项内容	平均分	方差
功能性地方依赖	1	生活	4.58	0.254
	2	物价和成本	4.08	0.688
	3	休闲娱乐设施	4.08	0.601
	4	教育	4.25	0.543
	5	医疗	4.38	0.418
	6	安全	4.54	0.259
	7	不觉得人多嘈杂	4.29	0.563
情感性地方依恋	8	喜爱	4.54	0.433
	9	不愿离开	4.54	0.433
	10	自豪感	4.67	0.232
	11	推荐意愿	4.71	0.216
	12	喜爱文化、习俗和礼仪	4.71	0.216
	13	保护自然环境的意愿	4.79	0.172
	14	保护传统文化的意愿	4.83	0.145

资料来源:根据问卷结果绘制。

图 4.11　村口的袁家村大剧院

作者摄于袁家村村口

4.3.2　从业者地方感

袁家村从业者的地方感感知也主要通过问卷调查获取。问卷设计了从业者地方感感知测量项共 10 项,也分为功能性地方依赖和情感性地方依恋两个维度(见附录 2 从业者问卷),表 4.21 列出了感知得分基本情况。功能性地方依赖主要从生活舒适度、休闲娱乐设施、医疗、安全四个维度调查从业者对袁家村的感知。情感性地方依恋主要从喜爱程度、长期工作意愿、推荐意愿、传统文化喜爱程度、保护自然环境意愿与传统文化意愿六个方面调查从业者对袁家村的地方感感知。最后,还调查了从业者对袁家村发展旅游的支持度。

总体来看,地方依赖中安全保障一项得分最高(4.08),休闲娱乐设施得分最低(3.39)。说明袁家村的治安安全情况得到了居民和从业者的一致认可。而从业者普遍认为目前供他们休闲娱乐的设施较少,显然,他们没有将自己作为旅游者的视角来看待袁家村的休闲娱乐设施,而是期盼有更多免费休闲设施供工作之余体验,这点与居民有相似之处。地方依恋中长期工作意愿得分较低(3.90),而对袁家村自然环境与传统文化的保护意愿均十分强烈。前者说明从业者对袁家村有一定融入感,但相比于其他情感而言,长期在此工作的意愿会受其他因素制约,如家庭关系、房屋关系、经济关系等;对于已在袁家村购房的群体来说,袁家村是他们的第二家乡。后者说明从业者认清了袁家村自然环境和传统文化的独特性,对其保护意愿十分强烈。

　　我在袁家村买了房子,就是后面那排灰楼,现在我们全家都住在这里,自从六年前我来袁家村做豆腐,到现在也赚了点钱;我家以前是周围村的,我父亲就是做豆腐的,我们在袁家村住上新房子,在农村有这样的生活环境已经很不错了。我已经把袁家村当作我心中的家,我很喜欢在这里工作,我想打造一个百年豆腐店,和袁家村一起长久经营下去,村集体一直很支持我们这些早期来袁家村的商户。最早免费为我们提供场地,声明"不赚钱不收租",后来我赚钱了,也不好意思再免费占村里地方,现在成立合作社,生意做大了,我们都心甘情愿为村民分红。(C1)

从各条街道来看,小吃街和农家乐街对地方依赖和地方依恋的感知最为强烈,得分基本都在4以上;关中古镇从业者的感知得分则最低,部分得分甚至小于3。得分可以反映的基本规律有:街道建成时间越早,该街道从业者地方感感知越强;游客到访率越高、经济收入越高,从业者地方感感知越强。因此小吃街作为袁家村的核心产品,从业者地方感十分强烈。关中古镇从业者与袁家村其他街道接触少,并且生意冷淡,受到袁家村村集体的排斥,故对袁家村的生活便利度(2.75)、休闲(2.50)和医疗设施(2.00)感知水平不高,但其推荐意愿(4.50)和对传统文化的喜爱程度(4.25)感知相对较高,表明他们也期望游客到来促进其旅游产品的销售。

最后,旅游发展支持度的感知中,农家乐街和小吃街的得分最高(4.65和4.55),关中古镇的得分最低(3.50),其他街道则差异不大。同样说明了农家乐街和小吃街的旅游获益程度高,旅游支持度高;经济收入对旅游支持度的影响再次体现。已有研究证明,根据社会交换理论,可解释旅游活动中居民和从业者参与交换的动因,居民和从业者对旅游业的支持基于他们对旅游产生的利益和成本的评估,如果认为旅游收益高于成本,那么愿意参与交换,相应地,如果旅游正面影响感知高于负面,社区可能支持旅游发展。

表 4.21 八条街道从业者地方感知得分及对比

具体内容		序号	书院街	祠堂街	回民街	小吃街	农家乐街	酒吧街＆艺术长廊	康庄老街	关中古镇	总体平均得分	方差
有效样本数			36	30	30	29	17	11	11	4	168	1.053
地方感知	地方依赖	1	3.47	3.73	3.87	4.28	4.18	3.18	4.18	2.75	3.81	1.221
		2	3.28	3.17	3.37	3.41	4.06	3.18	3.82	2.50	3.39	1.020
		3	3.47	3.23	3.53	4.03	4.29	3.27	3.91	2.00	3.60	0.683
		4	3.58	4.03	4.20	4.45	4.65	3.73	4.27	3.25	4.08	0.819
	地方依恋	5	3.72	3.80	3.90	4.45	4.65	4.09	4.00	3.75	4.03	0.894
		6	3.47	3.63	4.03	4.34	4.53	3.73	3.55	3.50	3.90	0.829
		7	3.67	4.03	4.23	4.31	4.59	3.91	3.91	4.50	4.10	0.700
		8	3.89	4.37	4.23	4.55	4.53	4.00	4.36	4.25	4.22	0.559
		9	4.11	4.43	4.33	4.55	4.65	4.09	4.27	3.50	4.33	0.545
		10	3.97	4.30	4.20	4.55	4.47	4.09	4.27	3.75	4.24	0.525
	支持度	11	4.44	4.47	4.43		4.65	4.36	4.45	3.50	4.46	1.053

资料来源：根据问卷结果绘制

4.3.3 文化记忆:传统村落的过去与未来

传统村落的地方感和记忆是由人与地方的相互联系而产生,是非物质的,必须以人作为传播主体,是人对地方空间的解读和认识,具有连续性和动态性。人口是村落得以存在和发展的根本,传统村落活化过程是强化人的地方感、延续传统文化记忆的过程。相关研究中构建了"主体—客体—时间"三要素构成的传统村落集体记忆体系及演化机制[①],说明推动传统村落记忆演变的核心因素是城镇化发展与现代生产生活方式的改变。想单纯尘封并固化乡村集体记忆是不可能的,而应尊重乡村集体记忆所具有的动态性特征,顺应时代潮流,借助于现代的科学技术力量来保护与发展乡村集体记忆。因此,批判"修旧如旧"的保守主义的立场在于这种静态发展不利于传统村落的延续,更不适合目前中国的社会和经济背景。城市与乡村的融合、传统与现代的融合是传统村落重建地方感和文化记忆的途径,最终是新生活方式的形成。

(1) 城市与乡村的融合

社会发展进入后工业化阶段后,乡村功能开始发生变化,乡村不再是简单的农业生产场所,而成为城市居民寻找乡愁、寻找休闲的重要场所。城市与乡村的融合体现在城市居民与乡村居民的文化交流与互动。乡村旅游的发展使得城市和乡村居民的交往日渐频繁,真正良性的乡村旅游中,城市居民不是简单的观光游览,而是提供更多与当地村民交流的机会。在这种互动与交流中,乡村本身所具有的传统记忆才会重新受到重视而不至于消亡。

以袁家村为例,传统生产技艺如醋、辣子、粉条、醪糟、麻花等,因为得到了广大城市游客的认可与消费,才得以继续传承下去;历史上的唐宝宁寺、秦琼墓等遗迹,因为可以为城市居民提供缅怀历史、追古思今的景点而被挖掘出来得以瞻仰;传统器物如轿子、马车等因为可以为没有见过它们的青年群体和孩子们提供休闲娱乐的设施而被展示(见图 4.12)。

(2) 传统与现代的融合

伴随着现代性冲击而来的各种非传统要素的侵入,传统村落的物质空间和社会结构也会随之发生变化,这种改变具有不可逆转性。实际上,正是经

---

① 汪芳,孙瑞敏.传统村落的集体记忆研究——对纪录片《记住乡愁》进行内容分析为例.地理研究,2015,34(12):2368—2380.

图 4.12　袁家村的油坨坨(左)、胡国公祠(中)和马车(右)

来源：摄于袁家村

过了历朝历代的变迁才有了现在大众视野下的传统村落面貌。一方面，在传统村落旅游活化和文化记忆延续过程中，这里所说的传统与现代的融合体现在业态设计和景观设计中的传承与创新。如以旅游规划为手段，保护、再现乡村传统行为活动所依托的空间格局和景观环境，主动营造乡土文化传承的文化旅游空间，如传统民间艺术的展示空间、节庆庙会的纪念性空间、曲艺表演的戏台、灯会集市等行游型线性空间等。另一方面，随着传统社会结构的变化与分异，一些其他主体如旅游开发商、社会团体等也会参与到村落发展中。在传统与现代融合过程中，可以依托多元要素、多元主体共同促进传统村落的活化。

以袁家村为例，通过旅游发展，吸引了民间企业家的创业热潮，如"生活客栈"这一精品民宿设计就遵循了传统与现代结合的方式，其景观营造融入了玉米、土炕、水井等传统和民俗形象，兼具高端马桶、卫浴、地暖、空调等现代技术手段，打造了一处闹中取静的休闲空间(见图 4.13)。此外，袁家村还定期举办一些传统节庆活动，如关中民俗婚礼。

图 4.13　生活客栈一角

来源：摄于袁家村

（3）新文化形成：新生活方式

传统村落旅游活化的最终目标是促进村民和市民新生活方式的形成，提升两者的幸福感，促进城市空间和乡村空间的共享，这一点在袁家村体现得十分突出。袁家村现在已经成为周边县市市民休闲的重要场所，市民可以在袁家村体验慢生活和夜生活、吃到健康安全的食品、购买绿色的农副产品、享受和亲朋好友团聚的幸福时光；村民与市民的交流机会增多，其自豪感和幸福感得以提升。从 2013 年到 2017 年，袁家村连续举办了五届袁家村人集体过大年活动，全村一起包饺子、包包子，观看袁家村春晚，集体回忆过去，增强了袁家村人的认同感和凝聚力（见图 4.14）。

图 4.14　袁家村集体过大年

来源：摄于袁家村

以上传统村落旅游活化精神层的分析主要针对居民和从业者展开。由于居民问卷与各街道从业者问卷样本数量有限，本章结合了问卷、访谈和田野调查等结果进行了综合分析。结果表明：袁家村居民的地方感感知总体较强；从业者地方感感知则因街道不同而有所差异，农家乐街和小吃街从业者的地方感感知最强，关中古镇则感知最弱。精神层作为传统村落旅游活化路径的最高层次，目的是唤醒集体的文化记忆，强化地方认同感，促进城市与乡村的融合、传统和现代的融合以及新生活方式的形成，使传统村落的文化价值得到最大程度的活化。

第五章 讨论：变化的村落

5.1 MSS 路径模型属性总结

5.1.1 村委会主导型传统村落旅游活化

根据以上章节对可持续旅游活化路径的分析,归纳以袁家村为代表的村委会主导型传统村落旅游活化属性特征如下。

(1) 嵌入性

嵌入性的构建是基于地方性知识和关系,来源于地方独特传统文化,即在旅游活化过程中挖掘地方特色,用于设计旅游产品、商标、体验活动等。它是创新活动的基础,缺点是可能会缺乏活力。非嵌入式则有助于与外部市场衔接,但需注意,如果没有精心的商标与可追溯系统,非嵌入式的地方产品和资源会面临雷同的风险。嵌入性本质上体现了在旅游发展过程中承载地方特色的信息与旅游活动的互动。根据 Marzo-Navarro 等人(2016)的量表,袁家村满足了其对嵌入性的描述(见表 5.1、图 5.1、图 5.2)。

表5.1 袁家村旅游活化中嵌入性的表现

嵌入性的表现	袁家村案例对应点
旅游活动可以让游客体验当地的文化和传统	传统婚礼活动、传统食物
地方名称或形象用在了区域旅游产品品牌上	酸奶、辣子、班车等都印有袁家村标志
地方名称或形象用来促进区域的旅游活动	袁家村旅游形象定位为"关中印象体验地"
地方名称或形象用在了区域旅游企业或机构品牌上	成立如袁家村乡村旅游开发有限公司等企业

来源：根据田野调查整理

图5.1 带有袁家村标志的酸奶和接驳车

来源：摄于袁家村

图5.2 袁家村部分特色食品生产过程

来源：摄于袁家村

(2) 内生性

内生式发展又称"由下而上的发展"或"自我发展"。内生式发展的理论来源得益于马克思的"自由人"假设。针对亚当·斯密的"经济人"假设,马克思认为未来的人类社会是"自由人的联合体,在那里每个人的自由发展是一切人的自由发展的条件"(《共产党宣言》)。1975年,瑞典一家财团在一份关于《世界的未来》的联合国报告中正式提出了"内生式发展"的概念。这一概念有如下要点:消除绝对贫困,自力更生,保护生态,必须伴随着社会经济结构的变化[1]。其中"自力更生"的概念得益于经济学者杜德里·西尔斯,他认为20世纪五六十年代中国的经济建设的基本理念,来源于毛泽东提倡的自力更生。20世纪80年代,随着后现代主义的哲学观点被引入乡村研究中,许多乡村地区的衰落现象重新得到解释。乡村成为一个反映社会、道德与文化价值的世界,有人把这样的乡村观点称为"乡村性的后现代观念"[2]。

内生式发展是一个本地社会群体动员的过程,它需要一个能够将各种利益相关者集合起来的组织结构,如袁家村的农民合作社,去追求符合本地意愿的战略规划过程以及资源分配机制,其最终目的是发展本地在技能和资格方面的能力。宫本宪一[3]认为,内生式发展模式特点包括4个方面:第一,区域内居民要以本地技术、产业、文化为基础,以区域内市场为主要对象,开展学习、规划和经营活动,这不是地区保护主义。第二,在环境保护的框架内考虑开发活动,以追求综合生活舒适度、福利、文化以及居民人权等为目标。第三,产业开发并不限于某一种,而是要跨产业领域,建立一种在各个阶段都能使附加价值回归本地的地区产业关联,即产业融合,减少漏损。第四,建立居民参与制度,自治体要体现居民意志,并拥有为了实现综合目标而管制资本与土地利用的自治权。目前,内生式发展的概念并没有得到统一,有学者认为内生式发展的内涵包括以培养本地持续发展的能力为目标,以本地人作为

---

[1] Nerfin M. *Another Development: Approaches and Strategies*. Uppsala: Dag Hammarskjöld Foundation, 1977.

[2] Jenkins T N. Putting postmodernity into practice: Endogenous development and the role of traditional cultures in the rural development of marginal regions. *Ecological Economics*, 2000, 34(3): 301-313.

[3] 〔日〕宫本宪一.环境经济学,朴玉译.北京:生活·读书·新知三联书店,2004:1317—3371.

开发主体为途径,以建立有效的基层组织为措施①。还有学者比较了内生式发展和外生式发展的不同。分析袁家村的旅游活化过程,是一种内生式发展模式,其发展过程主要以袁家村及其周围村镇居民为主体,村民在村集体所成立的乡村旅游发展有限公司中占有股份,村集体注重培养居民多样化生计和持续发展的能力,提升居民福利与生活水平。

（3）赋权性

赋权体现在居民在决策与利益分配过程中享有话语权、参与权和决策权。袁家村农民合作社制度保障了村民赋权过程的实现。袁家村村委会还设立了干部坐班制度(见图5.3)、街区负责人制度、财务监管制度等,会定期挨家挨户走访调查,其在旅游活化过程中充分考虑困难群体的权利实现。

图 5.3　袁家村村干部坐班公示牌和便民服务公示牌

来源：摄于袁家村

（4）网络性

网络性体现在区域旅游线路的关联性、资本输入、品牌输出程度,区域旅游营销的网络化和信息化,区域旅游企业合作等,本质是衡量单个旅游目的地与区域内其他旅游目的地的合作关系。袁家村发展旅游后,前期积极争取社会资本进入,目前已经进入品牌输出阶段。以城市体验店为例,截止到2007年,袁家村于咸阳和西安共开设4家体验店,如表5.2所示。体验店以袁家村小吃体验为主,以精品农产品展示、销售为辅。

2017年4月24日,砂之船与袁家村合作签约仪式在西安举行,这标志着袁家村将"搬"进砂之船。砂之船(西安)奥莱在经营上原创性地提出了以"现

---

① 张环宙,周永广,魏蕙雅,等.基于行动者网络理论的乡村旅游内生式发展的实证研究——以浙江浦江仙华山村为例.旅游学刊,2008,23(2)：65—71.

代商业+稀缺生态+地域文化"的艺术商业模式。除了具有现代商业近30年的管理经验外,还致力于将稀缺生态和地域文化进行传承,这也是砂之船区别传统奥莱的特点。也许正因为如此,把独具地域文化特色的袁家村"搬入"代表现代商业的砂之船,才引起更为强烈的"化学反应"。袁家村书记郭占武先生表示:"这次我们与砂之船(西安)奥莱创新型合作,不仅是袁家村的理念与传统文化的传承,更是说明砂之船(西安)奥莱不仅仅是一个商业体,同样也是一个与生态融合的休闲、旅游的新地标。"砂之船与袁家村强强联手,将合力打造"二郎岗"超级农庄,在这里,逐渐消逝的戏楼、水井、茶歇将从老人的记忆深处走上前台,依稀模糊的民俗、手工艺人、市井集市从厚重的史书中重出江湖,清真回民坊、传统关中庭院等关中独有的老庭院旧房子也会焕发生机,还有纯天然食材的现场作坊、60多种关中小吃、农耕氛围中的民俗艺术,以及画廊、咖啡、书吧,可让游客感受一种历史的穿越,经历一种全新体验。[1]

表5.2 袁家村城市体验店

序号	城市	地址	入驻时间
1	咸阳市	正兴店(人民中路正兴广场1层)	2017年1月
2	西安市	曲江银泰店(雁南二路银泰城3层)	2015年8月
3	西安市	赛格国际店(雁塔区小寨赛格国际购物中心7层)	2016年11月
4	西安市	胡家庙万和城店(新城区东二环胡家庙万和城1号楼)	2017年7月

来源:根据资料整理

同时,袁家村村委会还积极拓展省外业务,不仅到四川、浙江等地学习参观,还将袁家村理念传播到其他省份。目前,山西、河南、天津、山东等地基层政府相继前来参观学习袁家村的乡村旅游经营模式。

(5)可持续性

根据Lew等[2]对社区可持续性和恢复力的比较框架,分析袁家村在可持续性和恢复力两个维度的表现情况,如表5.3所示。首先,地方政府层面,这

---

[1] 西安日报,袁家村"搬进"砂之船,2017-5-5,http://sn.ifeng.com/a/20170425/5609604_1.shtml

[2] Lew A A, Ng P T, Ni C, et al. Community sustainability and resilience: Similarities, differences and indicators. *Tourism Geographies*, 2016, 18(1): 18-27.

里指村委会层面上,通过对内的项目与活动、对外的学习与交流,在可持续性和恢复力方面表现较好。其次,环境知识层面,有目的地保留传统资源利用与生产、加工方式,但目前袁家村环境教育活动较少,游客与社区的环境知识互动不足,具有可持续性但恢复力欠佳。再次,社区福利层面,社区人员生计转变为以旅游为主,传统生计方式消失,社区居民生活水平得到极大改善,吸引地区人口就业,不存在人口外流,其可持续性和恢复力较佳。最后,社会支持系统层面,袁家村村委会目前提供了较为完善的民主决策机制,经济上以合作社形式保障村民权益实现;对外积极招商引资、与各种社会组织进行合作,使目前袁家村社区处于积极有活力的发展阶段,可持续性和恢复力较好。因此,总体来看,袁家村传统村落旅游活化后,具有较好的可持续性和恢复力。

表5.3 袁家村社区的可持续性和恢复力

维度	可持续性	恢复力
地方政府层面	通过景观整治与保护提升现有环境资源(如街道整洁度、提高绿化率);举办传统祭祀、传统婚礼、集体过大年等活动保存传统文化	成立旅游公司,盈利留出备用资金;积极学习其他地区的新理念、新模式;促进不同地区之间的交流
环境知识层面	保留与支持如传统面粉、醋、辣椒、粉条等传统的资源利用与生产、加工方式	环境教育活动较少,但游客可以参观各大作坊工厂,了解地方传统知识
社区福利层面	变为以旅游为主的生计方式	提升生活条件,减少失业和人口外流,增加了地区就业率
社会支持系统层面	提供民主决策保障机制、合作社形式保障村民权益	与企业、非政府组织广泛合作

来源:根据调查访谈资料整理

表5.4 基于恢复力的可持续性表现

维度	衡量	袁家村的现实表现
社会	信任	村民与村民之间、村民与游客之间充满信任
	网络	村民的社会交往范围扩大
	学习	村委会为村民提供解决冲突、学习知识和技能的条件
	公平	村委会公开听取村民意见
	知识共享	村委会定期为村民召开学习与交流大会

续表

维度	衡量	袁家村的现实表现
管治	灵活性	村集体成立股份制公司的方式具有灵活性
	自组织	农民合作社是以农民为主体的组织形式
	地方控制	村民有对社区资源进行处置的权利
	权利共享	村集体组织村民与其他一些组织联合协商与决策事务
经济	多样化	有一系列多样化的获取收入的方法如住宿、餐饮、网店等
	替代性生计	目前产生非消费性行为的生态化可持续生计策略不足
	防止漏损	收入外流不明显
	经济增长	在村集体主导下实现了经济增长
生态	自然性	目前的建成环境对生态有一定负面影响
	基础设施	现有基础设施建设尽量最大程度减少对自然的破坏
	多样化	目前在促进生物多样性上力度不够

材料来源：Holladay 等（2013）

按照 Holladay 等[①]对基于恢复力的可持续性测量指标分析袁家村的实际情况见表 5.4，可以发现，袁家村在社会、管治、经济和生态方面总体上达到了较好的可持续性。

5.1.2 资本主导型传统村落旅游活化

以上五个特性为村集体主导型传统村落旅游活化的基本特点。那么对于资本主导型传统村落旅游活化是怎样一种情形呢？这里以古北水镇和司马台村为例，进行简单分析。

古北水镇国际旅游度假区作为"北方乌镇"，由中青旅控股股份有限公司、乌镇旅游股份有限公司和北京能源投资（集团）有限公司共同投资建设，集观光游览、休闲度假、商务会展、创意文化等旅游业态为一体，其主体拥有大面积精美的明清及民国风格山地合院建筑，另包含有五星标准大酒店、精品酒店、主题酒店、精品民宿、餐厅及商铺若干，多个文化展示体验区及完善的配套服务设施。古北水镇所在地是原密云县司马台村，因修建古北水镇项

---

① Holladay P J, & Powell R B. Resident perceptions of social-ecological resilience and the sustainability of community-based tourism development in the Commonwealth of Dominica. *Journal of Sustainable Tourism*, 2013, 21(8): 1188-1211.

目将司马台村整体搬迁至 2 千米之外的司马台新村。

作者于 2016 年 4 月 5 日到司马台新村新址和古北水镇进行调研,详细观察了古北水镇的建设情况及对司马台新村部分村民进行了访谈。访谈内容是关于古北水镇旅游项目建设对村民社会、经济、环境生活的影响。基于研究提出的旅游活化路径和收集的调研资料,从物质层、社会层和精神层作一简要分析。

物质层:古北水镇与乌镇的打造理念可谓一脉相承,不同在于乌镇的建筑及其布局是历史遗存,有时间上的沉淀和原址性,而古北水镇则是经过精心打造的仿古建筑群。在景观风格上乌镇体现了江南水乡,古北水镇则结合了江南的温婉与北方的壮美,此外两者均打造了精品夜景。在旅游服务设施及业态选择方面也都打造精品,积极传承非物质文化遗产、传统手工艺和传统食品。总之,两者的物质空间更新均较为成功。

社会层:古北水镇的规划与建设属于政府和企业合作行为,原址村民被迁出。因司马台旧村位于司马台长城脚下,村民传统的生计方式包括农业和小规模的零售业(卖食品、饮料给游客)与服务业(为爬司马台长城的游客提供导游服务)。村民迁出后,农田也被收回,农业这一传统生计方式不再,村民居住形式分为两类:楼房和独院二层房屋。独院二层房屋可以经营农家乐,楼房则不能经营。作者曾对独院房屋的原住民进行访谈,他们普遍提到自身经济情况得到改善,但因为失去农田,不能种植农作物,所以平日生活成本增加了,如菜价增高;其现在的生计方式以接待到古北水镇游玩的游客为主,因古北水镇景区内住宿价格高,很多游客选择在农家乐居住。而居住楼房的居民有提到失业问题。在关于能否到古北水镇景区工作这一问题时,村民普遍提到景区与他们基本没什么关系,他们认为古北水镇的经营者并没有积极吸引他们就业。早期还有一些村民在古北水镇项目上工作,后来有部分被辞退。景区对村民没有任何门票优惠政策。村民还提到目前回迁社区的公共场所和休闲娱乐设施不足,楼房质量存在问题,如墙皮脱落、窗户损坏。但村落整体卫生情况较传统环境有所改善。

精神层:目前村民对司马台村新址并没有形成强烈的地方感,在问到是不是更喜欢现在的住所时,大部分村民没什么感觉。反而由于迁村,传统农村社会结构被打破,更多的是邻里关系的淡化。

就属性特征而言,由于古北水镇建设融合了北方与南方共有的景观打造手法,展示的文化产品也来自全国各地,并未将原址地方性充分嵌入,因此嵌入性体现不明显。而企业主导的资本型开发方式也降低了村民的内生性和赋权性。在网络性方面,由于企业主导,可以更好地发挥网络性特点。从企业经营主体维度来看,整个古北水镇项目的可持续性较强;但从村民主体来看,可持续性较弱。

图 5.4 古北水镇一角(摄于古北水镇)

5.1.3 政府主导型传统村落旅游活化

对于政府主导型传统村落旅游活化,以北京爨底下村为例进行简单分析。爨底下村有 400 多年历史,距离北京城中心 90 千米,位于北京西郊门头沟区斋堂镇。全村现有人口 29 户,93 人,土地 280 亩,全村院落 74 个,房屋 689 间,大部分为清后期所建(少量建于民国时期)的四合院、三合院。依山而建,依势而就,高低错落,以村后龙头为圆心,南北为轴线呈扇面形展于两侧。村上、村下被一条长 200 米,最高处 20 米的弧形大墙分开,村前又被一条长 170 米的弓形墙围绕,使全村形不散而神更聚,三条通道贯穿上下,而更具防洪、防匪之功能。爨底下村于 2003 年入选第一批中国历史文化名村,于 2013 年入选第一批中国传统村落。2007 年电视剧《投名状》在此拍摄。作者于 2016 年 9 月 21 日对爨底下村进行调研,对部分村民进行了访谈。同样基于研究提出的旅游活化路径和收集的调研资料,从物质层、社会层和精神层作一简要分析。

物质层:爨底下村较好地保留了传统民居院落,但近距离观察可以发现,很多院落都进行了扩建和改造。通过访谈了解到,早期村民没有意识到这些房屋的价值,发展旅游后,便开始积极地保护房屋。目前村子已经制定了具体的文物保护规划,后期新建的部分建筑都已被责令拆除。旅游业态主要以客栈、民宿、零售(水、零食、干果等)、餐饮为主,业态种类并不丰富。村子周边山坡梯田和平地上仍然种植有农作物。

社会层：爨底下村原住居民目前的生计情况分为以下几类：青壮年劳动力大部分到北京市区打工；部分壮年和妇女留在村里负责经营自家农家乐，同时简单经营一些零售业；部分老年人则常年留在村里，有条件的则种植一些农作物供日常生活。早期爨底下村的农家乐都是自发经营，后来由斋堂镇政府划定为爨柏景区的一部分，发售门票。通过对一位 30 多岁妇女的访谈了解到，村民在门票收入上没有任何分成。爨底下村旅游季节性明显，淡季游客少，村民平时几乎都不住在村里，屋子没有供暖设施，生活不是很方便，大部分村民住在斋堂镇区，有的已购买商品住房。平时村里会有学生和画家陆陆续续前来写生。目前村里的农田和宅基地仍归村民各家所有。

精神层：目前大部分村民已经不住在爨底下村，只是在旅游旺季依托接待、餐饮赚取部分收入，村民的地方感和家乡感仍在，但依恋感不强。

图 5.5　爨底下村全貌（摄于爨底下村）

就属性特征而言，由于爨底下村基本保留了原有村落建筑和格局，在旅游产品打造方面凸显了地方性，具有一定的嵌入性。而政府主导的开发方式赋予了村落发展一定的内生性和赋权性,但村民自我发展和权利实现程度较小。在网络性方面,由于政府主导下的旅游发展缺乏创新性,使得网络性特点难以发挥,整个村落的可持续性不太让人满意。

最后,将三种类型的传统村落旅游活化从嵌入性、内生性、赋权性、网络性和可持续性五个维度进行对比,如表 5.5 所示。由于资本主导型和政府主导型在五性中存在表现不强的方面,因此,这类旅游活化需要在实际中逐渐改善提升。

表 5.5　三种活化类型属性总结

属性	村集体主导型	资本主导型	政府主导型
嵌入性	强	弱	中
内生性	强	弱	中
赋权性	强	弱	中
网络性	强	强	弱
可持续性	强	强/弱	弱
评判	成功	失败	失败

5.2　应用策略

(1) 模型适用条件

研究基于文献梳理与理论演绎建构了传统村落旅游活化可持续路径模型(MSS 路径模型),并应用于分析袁家村的旅游活化过程,基于袁家村的旅游活化,提出了该可持续路径所具有的五个基本属性,构建了一个"三层五性"的基本理论框架。该理论框架的普适性体现在以下几个方面。

首先,任何一个传统村落都包含有物质的、社会的和精神的要素,即从其本身来讲都是具有一定的自然资源、社会资源和文化资源的综合体。

其次,旅游活化是针对物质、社会和精神层之不同要素,通过引入旅游产品、旅游活动、旅游体验,将传统村落即将衰落或消失的价值挖掘并传承下去。

最后,五性作为一个衡量指标,可以判断一个旅游活化后的传统村落是否成功。

（2）模型与案例之前后贯通

袁家村作为应用本研究所提出理论的实操案例地，具有相当的代表性与典型性。代表性体现在袁家村发展旅游依托的主要是地方性知识。袁家村并不具有如西递宏村般的世界文化遗产，也不具有依托景区发展的优势，也没有少数民族地区所独特的文化生态，中国的大部分村落都属于这种情况，自身和周围都没有特别突出的资源。但袁家村善于挖掘村落本身的资源和价值，即本土的技艺和人才，正是对广大普通村落的一个启示。典型性体现在袁家村旅游活化的成功形成了强大的辐射效应，达到了在经济、社会和精神文化多层面的成功。这种成功不是简单的"让群众腰包鼓了"，而是做到了千人生活和谐，宣扬了真善美与诚信的价值理念，让不论是住在袁家村的居民还是到袁家村休闲的游客都喜欢与热爱这片土地。

袁家村的实践很好地回应了前文传统村落活化所面临的问题。首先，土地问题的应对。袁家村原有土地类型分集体建设用地、农用地、宅基地三类。80年代村办企业时期袁家村已经存在一定数量的集体建设用地。2007年发展旅游后，先在原有集体建设用地指标上进行建设，随后，由于袁家村所属烟霞镇是陕西省22个历史文化名镇之一，镇上每年有1000亩的建设用地指标，其他村多余的指标被调整到袁家村，其大部分土地性质已经调整为建设用地。在这一点上，袁家村充分利用了政策优势，也得到了上级政府的支持，破解了村落旅游活化过程中的土地约束。其次，面对村落共同体缺失问题的应对。面对城乡政策不均衡所带来的乡村人口外流，袁家村村集体先采取吸引人才的优惠政策，然后通过组织农民合作社，在经济上实行产权共有、制度上采取村民共治，成功地破解了人口流失、人心不在的僵局。最后，面对文物保护法所规定的须原址重建与保护，因秦琼墓是国家重点文物保护单位，属于原地保护，其他则是在异地重建，如唐宝宁寺原址在袁家村东面，"文革"时期被毁，现于西边复原；烟霞书院在袁家村北面，也是"文革"时期被毁，现于村中书院街复原。所以，对于目前已经不存于世的文物，可以通过一定手段在文物原址或附近的同质文化区内进行复原，历史上的宝宁寺和烟霞书院原址离袁家村不远，与其享有共同文化特质，这种做法更加注重地方感，反而更能维持地方文脉及场所精神代际传承的延续性。

当然，在分析过程中，依然可以看到袁家村目前发展中存在的问题包括：如何应对越来越多的游客量，如何寻找更加多元化的替代性生计策略，在对居民和游客的环境教育方面再做努力,如何更加公平地对待与解决新旧居民可能产生的矛盾,如何从情感与记忆方面再进行巩固与提升。总之,袁家村践行了 MSS 路径模型之三个层面,随着物质层的更新、社会层的重构和精神层的确立,袁家村现在又进入了新一轮积极的循环。在村集体、居民、游客和经营者所共同构筑的地方认同基础上,村集体将每年的集体收入按照规划与设想再次投入袁家村的物质空间改造上来,并试图营造更美的农村自然环境和更和谐的社区氛围。袁家村将周围东周、西周、官厅等村近千户困难群众请进袁家村经营特色小吃、参与股份合作、从事社区服务,让更多群众共享袁家村发展的红利。这是三层之相互依存、共同演化的见证。

(3) MSS 路径模型的应用策略

研究核心是提出了传统村落旅游活化的三层路径模型理论,其中,物质层是基础,社会层是保障,精神层是根本。实践中在应用这一理论时,可以遵循以下策略。

第一步,诊断传统村落的现状,挖掘传统村落所具有的价值要素体系。中国每一个传统村落特点都不一样,如相对城市的距离不同、物质遗产丰富度不同、目前居住人群情况不同,而在全球化和城市化背景下,城市是影响传统村落变化发展极其重要的一个因素,村落对城市游客的吸引力满足距离衰减规律,物质遗产丰富度是评选传统村落的重要显像条件之一,也是形成旅游产品、旅游体验的重要因素,大多数古村落的物质与非物质遗产均十分丰富,但仍有一些物质遗产匮乏但非物质遗产丰富的村落被选为传统村落。一般来讲,任何村落都具备一定的非物质文化遗产,因为非物质文化遗产是那些无形但伴随着乡村居民生活、生产活动的技艺、服饰、礼仪、民俗、舞蹈、歌曲等,它存在于村落中每个角落,可以说无处不在。而在城市化背景下,大多数传统村落人口都在外流,老少留居是常见现象。

第二步,首先通过满足本地居民的基本需要,识别旅游能够活化的价值要素是什么。然后按照 MSS 路径模型提出的物质、社会与精神三层,横向分别对应其中的策略层和价值要素层,以旅游作为切入点,通过旅游产品的设计完成对"三层"的改造。

第三步,由于旅游活化需要人力资本、财力资本与政策资本的投入,根据实行旅游活化的主体应分别采取不同的策略。一般来讲,任何一个非政府、非企业主导的传统村落旅游活化,村集体和村中精英人才应起到引领作用,这也是大部分村落今后的活化道路，应提倡与鼓励内生式的活化方式。企业和社会力量在介入村落旅游活化时，必须以村落原住民的利益为第一。用研究所提出的"五性"来衡量整个旅游活化过程的绩效。

以上对以袁家村为代表的村集体主导型旅游活化路径从整体上进行分析，基于物质层、社会层和精神层的路径演化过程，袁家村形成了一个整合性的旅游活化体系，归纳其基本属性有嵌入性、内生性、赋权性、网络性和可持续性，评价其旅游活化路径，整体上具有可持续性，但在环境教育、生物多样性方面还存在一些差距。而以古北水镇和爨底下村为代表的资本主导型和政府主导型的旅游活化过程则具有不同的特性。最后，研究对 MSS 路径模型的适用条件、所选案例的典型性与代表性、应用策略进行了总结。

5.3 主要结论

（1）传统村落的本质是文化景观和乡村治理。现阶段我国传统村落活化所面临的根本问题受到城乡政策、土地政策及相关法律的制约。文化景观是硬件，乡村治理是软件，传统村落的可持续发展必须兼顾以上两点。伴随我国社会经济结构转型，政策改革将协助促进传统村落重新焕发活力。

（2）传统村落活化方式多样，旅游活化是有效的活化途径。如果没有旅游介入，大部分传统村落将会自然衰败，旅游让传统村落的文化价值得以显现和保存。

（3）提出传统村落旅游活化可持续路径三部曲，即 MSS 路径模型。中国乡村旅游、村落旅游发展已经进入新的阶段。从传统的景区依托型到如今的水库湖泊依托型、城郊设施农业依托型、历史文化依托型、创意文化依托型等多元化发展模式，村落自身走出了一条由依附向独立的发展路径。甚至一些先天禀赋不足的村庄也可以发展旅游并且取得成功，袁家村就是其一。袁家村没有依托唐昭陵景区，反而带动了唐昭陵景区，成功走出了一条由物质层、社会层和精神层三部曲所构成的活化路径。活化过程中需要尤其注意的重点问题是地方性的表达、多元主体的决策机制、利益分配机制和地方认同的塑造等。

（4）提出传统村落旅游活化五大属性。沿着物质层、社会层和精神层三部曲的传统村落活化路径将形成一个整体性的传统村落活化过程。活化过程中的这三个层次是由低到高不断演进提升的。嵌入性、内生性、赋权性、网络性和可持续性是其五大属性。旅游活化 MSS 路径适应于村集体主导型、资本主导型和政府主导型三种不同类型村落的旅游活化过程,具有一般普适性;但不同类型村落的属性特征有所不同。

(5) 内生式和网络式发展模式适应当前及未来中国的村落发展。中国传统村落旅游活化的正确机制应是社会资本参与下、精英团队带领下的社区参与和社区增权。社会资本、精英团队、社区参与和社区增权四个要素缺一不可。这样才能保证作为一个整体的传统村落及其社区居民在抵御外部利益集团冲击时处于有利地位。

5.4 局限与展望

回顾本书研究历程,局限存在于三个方面。

首先,对于传统村落旅游活化研究,需要多样化案例,才能深化研究结果。本研究通过选取具有典型性和代表性的袁家村作为分析案例,所提出的传统村落旅游活化一般路径具有较强普适性。但今后研究中仍要不断拓展案例研究对象,按照新文化地理学的理念,不同的人作为主体具有不同的特征,同样应该将不同的传统村落看作个体,分别进行研究,以期补充并发现新的规律。

其次,研究建构了传统村落旅游活化可持续路径一般模型即包含"三层五性"的 MSS 路径模型,并对模型中的要素和概念进行了界定与解释,目的是为今后传统村落研究提供一般性的理论支撑与分析框架。鉴于目前传统村落活化研究刚刚起步,期望本研究能够为对传统村落活化感兴趣的学者们抛砖引玉,以期对基于 MSS 路径模型的每一层做更加细致深入的研究。后续研究方向还包括:对于中国目前所评选的 8000 多个国家级传统村落,其外部环境与内部条件迥然不同,传统村落的类型学判定本身就是一个亟待解决的重要研究问题。还可以通过 GIS 对传统村落与城市的距离进行空间分析,基于游客流角度对城市客源市场进行分析。

最后,在中国背景下,如火如荼的传统村落保护与利用得到了政府力量之外的大力支持,在社会资本介入方面,2014 年,以古村之友全国志愿者网络为代表的创新力量为中国传统村落的保护和活化作出了巨大贡献,通过推出古村创客、新乡贤工程、好家风工程、全国古村大会等一系列活动,古村之友在全国培育了大量的古村保护志愿者;通过互联网公益模式,众筹资金用于古村保护与活化;在社会影响力方面还连续举办一年一度的古村镇大会,通过媒体在社会上广泛传播古村保护与活化的理念,唤起大众意识。可以预见,未来通过广大学者和社会大众的不懈努力,将促进政策转变,传统村落的保护和活化前景将更加光明。

参 考 文 献

保继刚. 中国旅游地理学研究问题缺失的现状与反思. 旅游学刊, 2010, 25(10).

曹国新. 文化遗产旅游研究的现状、症结与范式创新. 旅游学刊, 2010, 25(6).

陈耀华, 杨柳, 颜思琦. 分散型村落遗产的保护利用: 以开平碉楼与村落为例. 地理研究, 2013, 32(2).

陈信安. 台湾传统街屋再利用之工程营建课题. 朝阳学报, 1999(4): 209—221.

樊友猛, 谢彦君, 王志文. 地方旅游发展决策中的权力呈现——对上九山村新闻报道的批评话语分析. 旅游学刊, 2016, 31(1).

樊友猛, 谢彦君. 记忆、展示与凝视: 乡村文化遗产保护与旅游发展协同研究. 旅游科学, 2015, 29(1).

冯淑华. 古村落旅游客源市场分析与行为模式研究. 旅游学刊, 2002, 17(6).

〔美〕丹尼尔·哈里森·葛学溥. 华南的乡村生活——广东凤凰村的家族主义社会学研究, 周大鸣译. 北京: 知识产权出版社, 2006.

〔日〕宫本宪一. 环境经济学, 朴玉译. 北京: 生活·读书·新知三联书店, 2004.

顾朝林,陈璐. 人文地理学的发展历程及新趋势. 地理学报,2004,59(S1).

顾朝林. 转型中的中国人文地理学. 地理学报,2009,64(10).

顾贤光,李汀珅. 意大利传统村落民居保护与修复的经验及启示——以皮埃蒙特大区为例. 国际城市规划,2016,31(4).

郭华,甘巧林. 乡村旅游社区居民社会排斥的多维度感知——江西婺源李坑村案例的质化研究. 旅游学刊,2011,26(8).

郭凌,王志章. 历史文化名城老街区改造中的城市更新问题与对策——以都江堰老街区改造为例. 四川师范大学学报(社会科学版),2014,41(4).

韩锋. 世界遗产文化景观及其国际新动向. 中国园林,2007(11).

何仁伟,刘邵权,陈国阶,等. 中国农户可持续生计研究进展及趋向. 地理科学进展,2013,32(4).

洪锦芳,古溪白,林士围,等. 台南安平古蹟之活化、再利用规划研究. 人与地,2001(5).

胡彬彬. 当前传统村落演变态势堪忧——来自农村一线的调查与回访. 人民论坛,2015(6).

黄洁,吴赞科. 目的地居民对旅游影响的认知态度研究——以浙江省兰溪市诸葛、长乐村为例. 旅游学刊,2003,18(6).

〔英〕吉姆·麦奎根. 文化研究方法论,李朝阳译. 北京:北京大学出版社,2011.

康璟瑶,章锦河,胡欢,等. 中国传统村落空间分布特征分析. 地理科学进展,2016,35(7).

〔美〕克利福德·吉尔兹. 地方性知识——阐释人类学论文集,王海龙,张家瑄译. 北京:中央编译出版社,2000.

〔美〕克利福德·格尔茨. 文化的解释,韩莉译. 南京:译林出版社,2008.

李凡,蔡桢燕. 古村落旅游开发中的利益主体研究——以大旗头古村为例. 旅游学刊,2007,22(1).

李凡,金忠民. 旅游对皖南古村落影响的比较研究——以西递、宏村和南屏为例. 人文地理,2002,17(5).

李凡,朱竑,黄维. 从地理学视角看城市历史文化景观集体记忆的研究.

人文地理,2010,25(4).

李红,胡彬彬.中国村落研究的三种范式——基于相关文献的初步反思.光明日报,2016-10-19.

李木子,梁志霞.传统村落可持续发展国际研讨会暨《规划师》2016成都国际论坛成功召开.规划师,2016(12).

廖本全.人文主义观点下空间文化之保存与建构——以西螺地方的构成为例.2001年海峡两岸土地学术研讨会论文集,2001.

刘博,朱竑,袁振杰.传统节庆在地方认同建构中的意义:以广州"迎春花市"为例.地理研究,2012,31(12).

刘大均,胡静,陈君子,等.中国传统村落的空间分布格局研究.中国人口·资源与环境,2014,24(4).

刘沛林,董双双.中国古村落景观的空间意象研究.地理研究,1998,17(1).

刘沛林.古村落:和谐的人聚空间.上海:上海三联书店,1997.

刘沛林.论"中国历史文化名村"保护制度的建立.北京大学学报(哲学社会科学版),1998,35(1).

刘伟国,刘志平.世界遗产视野中的村落遗产研究.三门峡职业技术学院学报,2015,4(2).

刘晓峰.从韩国河回村看传统村落的旅游开发.城乡建设,2015(10).

刘馨秋,王思明.中国传统村落保护的困境与出路.中国农史,2015(4).

刘赵平.社会交换理论在旅游社会文化影响研究中的应用.旅游科学,1998(4).

吕斌.南锣鼓巷基于社区的可持续再生实践——一种旧城历史街区保护与发展的模式.北京规划建设,2012(6).

〔澳〕马尔科姆·沃特斯.现代社会学理论,杨善华等译.北京:华夏出版社,2000:74—80.

马晓,周学鹰.白川村荻町——日本最美的乡村.中国文化遗产,2013(5).

马晓,周学鹰.兼收并蓄,融贯中西——活化的历史文化遗产之一.翁丁村大寨与白川村荻町.建筑与文化,2013(12).

闵庆文,孙业红,成升魁,等. 全球重要农业文化遗产的旅游资源特征与开发. 经济地理,2007,27(5).

钱俊希. 地方性研究的理论视角及其对旅游研究的启示. 旅游学刊,2013,28(3).

〔美〕乔治·里茨尔. 虚无的全球化,王云桥、宋兴元译. 上海:上海译文出版社,2006.

任光淳,王爱霞,金太京. 韩国乡土景观资源的利用及其对我国浙江省传统村落的启示. 安徽农业科学,2017,45(4).

阮仪三,邵甬,林林. 江南水乡城镇的特色、价值及保护. 城市规划汇刊,2002(1).

阮仪三,肖建莉. 寻求遗产保护和旅游发展的"双赢"之路. 城市规划,2003,27(6).

申明锐,沈建法,张京祥,等. 比较视野下中国乡村认知的再辨析:当代价值与乡村复兴. 人文地理,2015,130(6).

石培华,冯凌. 新时期中国旅游研究十大创新方向展望. 北京第二外国语学院学报,2010(5).

苏勤,林炳耀. 基于态度与行为的我国旅游地居民的类型划分——以西递、周庄、九华山为例. 地理研究,2004,23(1).

〔美〕苏珊·汉森. 改变世界的十大地理思想,肖平等译. 北京:商务印书馆,2009.

孙华. 传统村落保护的学科与方法——中国乡村文化景观保护与利用刍议之二. 中国文化遗产,2015,69(5).

孙华. 传统村落保护规划与行动——中国乡村文化景观保护与利用刍议之三. 中国文化遗产,2015,70(6).

孙华. 传统村落的性质与问题——我国乡村文化景观保护与利用刍议之一. 中国文化遗产,2015,68(4).

孙九霞,王心蕊. 丽江大研古城文化变迁中的"虚无"与"实在":以酒吧发展为例. 旅游学刊,2012,27(9).

孙业红,闵庆文,成升魁,等. 农业文化遗产的旅游资源特征研究. 旅游学刊,2010,25(10).

佟玉权. 基于GIS的中国传统村落空间分异研究. 人文地理,2014,29

(4):44—51.

汪芳,李薇,PROMINSKI Martin. 城镇化和地方性的新冲突、新策略与新探索——中德双边研讨会会议综述. 地理研究,2014,33(11).

汪芳,孙瑞敏. 传统村落的集体记忆研究——对纪录片《记住乡愁》进行内容分析为例. 地理研究,2015,34(12).

汪清蓉,李凡. 古村落综合价值的定量评价方法及实证研究——以大旗头古村为例. 旅游学刊,2006,21(1).

王华,龙慧,郑艳芬. 断石村社区旅游:契约主导型社区参与及其增权意义. 人文地理,2015(5).

王路. 农村建筑传统村落的保护与更新——德国村落更新规划的启示. 建筑学报,1999(11).

王兴中,刘永刚. 人文地理学研究方法论的进展与"文化转向"以来的流派. 人文地理,2007,22(3).

吴必虎. 古城重建不如古城活化. 广告大观(综合版),2012(11).

吴必虎,徐小波. 传统村落与旅游活化:学理与法理分析. 扬州大学学报(人文社会科学版),2017,21(1).

吴晓庆,张京祥,罗震东. 城市边缘区"非典型古村落"保护与复兴的困境及对策探讨——以南京市江宁区窦村古村为例. 现代城市研究,2015(5):99—106.

谢冶凤,郭彦丹,张玉钧. 论旅游导向型古村落活化途径. 建筑与文化,2015(8).

闫淑凤. 创造的"记忆"——以世界遗产日本白川乡为例. 美与时代(上),2013(2):69—71.

〔德〕扬·阿斯曼. 文化记忆:早期高级文化中的文字、回忆和政治身份,金寿福、黄晓晨译. 北京:北京大学出版社,2015.

杨丽婷,曾祯. 古村落保护与开发综合价值评价研究——以浙江省磐安县为例. 地域研究与开发,2013,32(4).

〔英〕伊恩·D. 怀特. 16世纪以来的景观与历史,王思思译. 北京:中国建筑工业出版社,2011.

于海波. 人文社会科学跨学科交叉研究的创新与边界——以旅游研究为例. 旅游学刊,2014,29(12).

郁枫. 当代语境下传统聚落的嬗变——德中两处世界遗产聚落旅游转型的比较研究. 世界建筑, 2006(5).

喻学才. 遗产活化: 保护与利用的双赢之路. 建筑与文化, 2010(5).

喻学才. 遗产活化论. 旅游学刊, 2010, 25(4).

张环宙, 周永广, 魏蕙雅, 等. 基于行动者网络理论的乡村旅游内生式发展的实证研究——以浙江浦江仙华山村为例. 旅游学刊, 2008, 23(2).

张姗. 世界文化遗产日本白川乡合掌造聚落的保存发展之道. 云南民族大学学报(哲学社会科学版), 2012, 29(1).

张中华, 张沛. 地方理论活化与城市空间再生. 发展研究, 2011(11).

章锦河. 古村落旅游地居民旅游感知分析——以黟县西递为例. 地理与地理信息科学, 2003, 19(2).

郑真真, 杨舸. 中国人口流动现状及未来趋势. 人民论坛, 2013(11).

周睿, 钟林生, 刘家明. 乡村类世界遗产地的内涵及旅游利用. 地理研究, 2015, 34(5).

周尚意. 四层一体: 发掘传统乡村地方性的方法. 旅游学刊, 2017, 32(1).

周樟垠, 曾庆云, 陈华智. 社区营造视角下传统村落的保护与利用——以梅湾村为例. 小城镇建设, 2016(9).

朱竑, 李如铁, 苏斌原. 微观视角下的移民地方感及其影响因素——以广州市城中村移民为例. 地理学报, 2016, 71(4).

朱竑, 刘博. 地方感、地方依恋与地方认同等概念的辨析及研究启示. 华南师范大学学报(自然科学版), 2011(1).

朱竑, 钱俊希, 陈晓亮. 地方与认同: 欧美人文地理学对地方的再认识. 人文地理, 2010, 25(6).

朱介鸣, 刘宣, 田莉. 城市土地规划与土地个体权益的关系——物权法对城市规划的深远影响. 城市规划学刊, 2007(4).

朱启臻, 芦晓春. 论村落存在的价值. 南京农业大学学报(社会科学版), 2011, 11(1).

朱启臻, 鲁可荣. 柔性扶贫. 郑州: 中原农民出版社, 2017.

朱晓明. 试论古村落的评价标准. 古建园林技术, 2001(12).

朱莹, 张向宁. 进化的遗产——东北地区工业遗产群落活化研究. 城市建筑, 2013(5): 110—112.

附　录

附录1：传统村落评价认定指标体系（住建部试行）

一、村落传统建筑评价指标体系

类别	序号	指标	指标分解	分值标准及释义	满分
定量评估	1	久远度	现存最早建筑修建年代	明代及以前4分；清代3分；民国2分；中华人民共和国成立至1980年以前1分。	4
			传统建筑群集中修建年代	清代及以前6分；民国4分；中华人民共和国成立初至1980年以前3分。	6
	2	稀缺度	文物保护单位等级	国家级5分，超过1处每处增加2分；省级3分，超过1处每处增加1.5分；市县级2分，超过1处每增加处1分；列入第三次文物普查的登记范围1分，超过1处每增加1处0.5分。	10
	3	规模	传统建筑占地面积	5公顷以上15—20分；3—5公顷10—14分；1—3公顷5—9分；0—1公顷0—4分。	20
	4	比例	传统建筑用地面积占全村建设用地面积比例	60%以上，12—15分；40%—60%，8—11分；20%—40%，4—7分；0—20%，0—3分。	15
	5	丰富度	建筑功能种类	居住、传统商业、防御、驿站、祠堂、庙宇、书院、楼塔及其他种类每一种得2分。	10

附　录

续表

类别	序号	指标	指标分解	分值标准及释义	满分
定性评估	6	完整性	现存传统建筑（群）及其建筑细部乃至周边环境保存情况	1. 现存传统建筑（群）及建筑细部乃至周边环境原貌保存完好，建筑质量良好且分布连片集中，风貌协调统一，仍由原住居民生活使用，保持了传统区的活态性，12—15分； 2. 现存传统建筑（群）及细部乃至周边环境基本上原貌保存较完好，建筑质量较好且分布连片，仍由原住居民生活使用，不协调建筑少，8—11分； 3. 现存传统建筑（群）部分倒塌，但"骨架"存在，部分建筑细部保存完好，有一定时期风貌特色，周边环境有一定破坏，不协调建筑较多，4—7分； 4. 传统建筑（群）大部分倒塌，存留部分结构构件及细部装饰，具有一定历史与地域特色风貌，周边环境破坏较为严重，0—3分。	15
	7	工艺美学价值	现存传统建筑（群）所具有的建筑造型、结构、材料或装饰等美学价值	1. 现存传统建筑（群）所具有的造型（外观、形体等）、结构、材料（配置对比、精细加工、地域材料）、装修装饰（木雕、石雕、砖雕、彩画、铺地、门窗隔断）等具有典型地域性或民族性特色，建造工艺独特，建筑细部及装饰十分精美，工艺美学价值高，9—12分； 2. 建筑造型、结构、材料或装饰等具有本地域一般特征，代表本地文化与审美，部分建筑具有一定装饰文化，美学价值较高，5—8分； 3. 建筑造型、结构、材料或装饰等不具备典型民族或地域代表性，建造与装饰仅体现当地乡土特色，美学价值一般，0—4分。	12
	8	传统营造工艺传承	至今仍大量应用传统技艺营造日常生活建筑	1. 至今日常生活建筑营造仍大量应用传统材料、传统工具和工艺，采用的传统建筑形式、风格与传统风貌相协调，具有传统禁忌等地方习俗，成为非物质文化遗产，技术工艺水平有典型地域性，8—10分； 2. 至今日常生活建筑营造较多应用传统材料、传统工具和工艺，采用的传统建筑形式、风格与传统风貌相协调，具有传统禁忌等地方习俗，技术工艺水平有地域代表性，5—7分； 3. 至今日常生活建筑营造较少应用地域性传统材料、传统工具和工艺，采用的传统建筑形式与风格或与传统风貌一定程度上协调，营造特色有地域代表性，0—4分。	8
合计					100

二、村落选址和格局评价指标体系

类别	序号	指标	指标分解	分值标准及释义	满分
定量评估	1	久远度	村落现有选址形成年代	明清及明清以前5分；民国3分；新中国成立后1分。	5
	2	丰富度	现存历史环境要素种类	古河道、商业街、公共建筑、特色公共活动场地、堡寨、城门、码头、楼阁、古树及其他历史环境要素种类，每一种得2分。	15
定性评估	3	格局完整性	村落传统格局保存程度	1. 村落保持良好的传统格局，街巷体系完整，传统公共设施利用率高，与生产生活保持密切联系，整体风貌完整协调，格局体系中无突出不协调新建筑，26—30分； 2. 村落基本保持了传统格局，街巷体系较为完整，传统设施活态使用，与生产生活有一定联系，格局体系中不协调新建筑少，不影响整体风貌，16—25分； 3. 村落保留了一定的集中连片格局，保持了较为完整的骨架体系，能较为完整看出原有的街巷体系，传统设施基本不使用，格局体系中不协调新建筑较多，影响了整体风貌，6—15分； 4. 传统区保持了少量的传统基本骨架体系，能零散看出原有的街巷体系，传统设施完全不使用，传统区存在较多新建不协调建筑，风貌非常混乱，0—5分。	30
	4	科学文化价值	村落选址、规划、营造反映的科学、文化、历史、考古价值	1. 村落选址、规划、营造具有典型的地域、特定历史背景或民族特色，村落与周边环境能明显体现选址所蕴含的深厚的文化或历史背景，有很高的科学、文化、历史、考古价值，25—35分； 2. 村落选址、规划、营造具有一定地域和文化价值，村落与周边环境能体现选址所蕴含的深厚的文化或历史背景，有较高的科学、文化、考古、历史价值，15—24分； 3. 村落选址、规划、营造保持本地区普遍的传统生活特色，村落与周边环境勉强体现选址所蕴含的深厚的文化或历史背景，科学、文化、历史、考古价值一般，0—14分。	35
	5	协调性	村落与周边优美的自然山水环境或传统的田园风光保有和谐共生的关系	1. 村落周边环境保持良好，与村落和谐共生，清晰体现原有选址理念，11—15分； 2. 村落周边环境有一定程度改变，但与村落较和谐，能够体现原有选址理念，5—10分； 3. 村落周边环境遭受较为严重的破坏，与村落建设相冲突，几乎不能体现原有选址理念，0—4分。	15
合计					100

三、村落承载的非物质文化遗产评价指标体系

类别	序号	指标	指标分解	分值标准及释义	满分
定量评估	1	稀缺度	非物质文化遗产级别	世界级15分；国家级10分；省级5分。（多项不累加）	15
	2	丰富度	非物质文化遗产种类	省级每项1分；国家级每项2分。	5
	3	连续性	至今连续传承时间	至今连续传承100年以上15分；连续传承50年以上8分。	15
	4	规模	传承活动规模	全村参加5分；30人以上4分；10—30人3分；10人以下2分。	5
	5	传承人	是否有明确代表性传承人	有且为省级以上，5分；有且为市级以上，3分；无，0分。	5
	6	活态性	传承情况	1.传承良好，具有传承活力，25分；2.传承一般，无专门管理，18分；3.传承濒危，无活力，10分。	25
定性评估	7	依存性	非物质文化遗产相关的仪式、传承人、材料、工艺以及其他实践活动等与村落及其周边环境的依存程度	1.遗产相关生产材料、加工、活动及其空间、组织管理、工艺传承等内容与村落特定物质环境紧密相关，不可分离，26—30分；2.遗产活动空间、工艺传承与村落空间具有一定依赖性，活动组织与村民联系密切，具有民间管理组织，16—25分；3.遗产活动组织与工艺传承与村落较为密切，为本地域共有特色遗产，具有代表性，6—15分；4.遗产可不依赖村落保持独立传承，0—5分。	30
合计					100

附录 2：问卷

问卷 1：居民问卷

尊敬的先生/女士，您好！

  我们是北京大学城市与环境学院的学生，正在进行一项关于"乡村旅游活化传统村落"的相关研究，期望为中国传统村落的未来出谋划策。我们真诚地征求您的意见，希望您如实填写如下问卷，您的宝贵意见对我们十分重要。您的作答将仅用于学术研究并严格保密，感谢您的支持与配合！希望袁家村发展越来越好！

  居住情况：☒是本村居民　　　　☒是外村迁入的居民

  迁入原因：☒婚姻关系　　　☒工作关系　　　☒教育关系

一、基本信息（在您认为合适的地方打"√"）

1. 您的性别：☒男　　　　　　☒女

2. 您的年龄：____ ☒18 岁以下　☒18～30 岁　☒31～60 岁　☒60 岁以上

3. 您的文化程度：

  ☒小学及以下　　☒初中或高中　　☒本科或大专　　☒硕士或博士

4. 您个人平均月收入：

  ☒小于 5000 元　☒5000～1 万元　☒10001～2 万元　☒2 万元以上

5. 您个人收入来源：

  ☒全部来自旅游　　　☒大部分来自旅游

  ☒小部分来自旅游　　☒与旅游毫无关系

6. 您在城市打工或有工作吗？☒有　　　　　　☒没有

7. 如果您在城市没工作，现在在袁家村从事的工作情况：

  ☒全部参与袁家村旅游事业　　　☒部分参与袁家村旅游事业

  ☒不参加袁家村的旅游事业，无业在家休闲

8. 您的家庭参与袁家村乡村旅游的形式：

  ☒开展农家乐餐饮和住宿接待　　☒开展农家乐住宿接待，无餐饮

  ☒开展农家乐餐饮接待，无住宿

9. 您的农家乐经营方式：☒自营　　☒租赁外包

10. 您家的农家乐人员雇佣情况：

  ☒全部是家里人和亲戚朋友　　☒雇佣外村外地人

11. 您的家庭是否还有耕地保留：☒有　　　☒没有

12. 您是否还从事农业生产活动：

　　　☒ 部分时间进行农业生产活动　　　☒ 完全不再种地

二、个人感知（在您认为合适的地方打"√"）

1. 自从2007年袁家村发展乡村旅游以来，在乡村旅游背景下，针对您目前所从事的旅游活动，选择您对以下描述的看法。

序号	对于以下描述,您的看法如何?	非常不同意	比较不同意	中立	比较同意	非常同意
1	我担心受到自然灾害的影响,如地震、洪水等					
2	我担心受到恐怖袭击和战争影响					
3	我担心受到全球与国家经济危机的影响					
4	国家和区域发展情况会影响我所从事的旅游活动					
5	季节性会影响我所从事的旅游活动					
6	我感到国家政策会影响我所从事的旅游活动					
7	我感到村委会的政策会影响我所从事的旅游活动					
8	总体上,我感觉所从事的旅游活动受外部环境影响大					
9	总体上,我感觉自己有一定的抗风险能力					

2. 自从您参与到袁家村的乡村旅游事业中，请选择您对以下描述的看法：

序号	乡村旅游使您发生了怎样的变化?	非常不同意	比较不同意	中立	比较同意	非常同意
1	袁家村的整体自然环境得到提升					
2	我的家庭居住条件得到改善					
3	我的收入有了明显增长					
4	我可以很容易地申请银行贷款或国家帮扶政策					

续表

序号	乡村旅游使您发生了怎样的变化?	非常不同意	比较不同意	中立	比较同意	非常同意
5	我对如何从事旅游服务的知识和技能有了提高					
6	我还学到了其他一些新的知识和技能					
7	我认识了很多游客朋友					
8	我的邻里关系变得比以前好了					
9	我积极地参与村里的旅游发展					
10	我可以共享村里旅游发展所得的利益					
11	我对目前村里的旅游收益分配方式感到满意					
12	我提出的意见建议能够得到村委会的采纳					
13	总之,我对自己现在的生活工作情况感到满意					
14	总之,我支持袁家村发展旅游					

三、对袁家村整体发展的认识(在您认为合适的地方打"√")

1. 您加入袁家村的农民合作社了吗？ ☒加入　　☒没有加入

2. 您每年有一定的旅游收益分成或红利吗？ ☒有　　☒没有

请根据您的经验和想法如实作答：

序号	内容	非常不同意	比较不同意	中立	比较同意	非常同意
1	在袁家村生活(包括衣、食、住、行)很方便					
2	袁家村的物价水平和生活成本提高了					
3	袁家村用于村民的休闲娱乐设施很完备					
4	袁家村村民孩子的受教育有保障					
5	袁家村村民的医疗卫生有保障					
6	袁家村的治安安全有保障					

续表

序号	内容	非常不同意	比较不同意	中立	比较同意	非常同意
7	游客和从业者越来越多,我不觉得喧闹和嘈杂					
8	我越来越爱袁家村					
9	我不想离开袁家村,希望一直住在这里					
10	我为身为袁家村人而自豪					
11	我会向外地人推荐到袁家村旅游和创业					
12	我喜爱袁家村所展现的传统文化、习俗和礼仪					
13	我会尽最大努力保护袁家村的自然环境					
14	我会尽最大努力保护和传承袁家村的传统文化					

问卷2：从业者问卷

尊敬的先生/女士,您好!

  我们是北京大学城市与环境学院的学生,正在进行一项关于"乡村旅游活化传统村落"的相关研究,期望为中国传统村落的未来出谋划策。我们真诚地征求您的意见,希望您如实填写如下问卷,您的宝贵意见对我们十分重要。您的作答将仅用于学术研究并严格保密,感谢您的支持与配合!希望袁家村发展越来越好!

  从业情况：✍本地稳定从业(工作1年以上)

     ✍本地临时从业(工作不到1年)

  您的家乡：✍烟霞镇其他村　✍礼泉县的其他乡镇　✍咸阳市的其他县

  ✍咸阳市以外其他城市但属于陕西省　✍外省_____省_____市

一、基本信息(在您认为合适的地方打"√")

 1. 您的性别：✍男　　　　✍女

 2. 您的年龄：✍18岁以下　✍18~30岁　✍31~60岁　✍60岁以上

 3. 您的文化程度：

  ✍小学及以下　✍初中或高中　✍本科或大专　✍硕士或博士

4. 您个人平均月收入:

☒小于 1000 元　☒1000~2000 元　☒2001~3000 元　☒3001~4000 元

☒4001~5000 元　☒5001~1 万元　☒1 万元以上

5. 您个人的收入来源:

☒全部来自旅游　　　　☒大部分来自旅游

☒小部分来自旅游　　　☒与旅游毫无关系

6. 您是通过什么渠道来袁家村从业:

☒通过亲戚朋友介绍　☒通过网络、纸质宣传媒介宣传被吸引过来

7. 平时您是否居住在袁家村:

☒离家较远,平时住在村里　　☒离家较近,回家住

二、个人感知(在您认为合适的地方打"√")

1. 自从 2007 年袁家村发展乡村旅游以来,在乡村旅游背景下,请根据您的个人感受作答:

序号	对于以下描述,您的看法如何?	非常不同意	比较不同意	中立	比较同意	非常同意
1	我担心受到自然灾害的影响,如地震、洪水等					
2	我担心受到恐怖袭击和战争影响					
3	我担心受到全球与国家经济危机的影响					
4	国家和区域发展情况会影响我所从事的旅游活动					
5	季节性会影响我所从事的旅游活动					
6	我感到国家政策会影响我所从事的旅游活动					
7	我感到村委会的政策会影响我所从事的旅游活动					
8	总体上,我感觉所从事的旅游活动受外部环境影响大					
9	总体上,我感觉自己有一定的抗风险能力					

2. 自从您参与到袁家村的乡村旅游事业中，请选择您对以下描述的看法：

序号	乡村旅游使您发生了怎样的变化？	非常不同意	比较不同意	中立	比较同意	非常同意
1	袁家村的自然环境（空气、花、草、水、树等）好					
2	我对在袁家村工作的收入情况很满意					
3	我对如何从事旅游服务的知识和技能有了提高					
4	我还学到了其他新的知识和技能					
5	我认识了很多游客朋友					
6	我和袁家村村民接触的机会很多					
7	我和袁家村村民之间的关系十分融洽					
8	袁家村村委会对待外来从业者的态度和政策很好					
9	我提出的意见建议能够得到村委会的采纳					
10	总之，我对自己现在的生活工作情况很满意					

3. 当您在袁家村工作的过程中有意见要提出时，您可以通过哪些途径向村委会反映？

    ◨告诉自己店铺的老板，让他们反映   ◨直接到村委会反映

    ◨村委会会定期询问从业者意见

三、对袁家村整体发展的想法（在您认为合适的地方打"√"）

1. 您知道袁家村有农民合作社吗？ ◨知道   ◨不知道
2. 您加入袁家村的农民合作社了吗？◨加入   ◨没有加入
3. 您每年可以有一定的旅游收益分成或红利吗？◨有   ◨没有

请根据您的经验和想法如实作答：

序号	内容	非常不同意	不同意	中立	同意	非常同意
1	在袁家村生活（包括衣、食、住、行）非常方便					
2	袁家村用于从业者的休闲娱乐设施非常完备					
3	在袁家村工作期间，医疗卫生有保障					
4	袁家村的治安安全有保障					
5	我越来越喜欢袁家村					
6	我不想离开袁家村，希望长期在这里工作					
7	我会向外地人推荐到袁家村旅游和创业					
8	我喜爱袁家村所展现的传统文化、习俗和礼仪					
9	我会尽最大努力保护袁家村的自然环境					
10	我会尽最大努力保护和传承袁家村的传统文化					
11	总体上，我支持袁家村发展旅游					

问卷3：游客问卷

尊敬的先生/女士，您好！

我们是北京大学城市与环境学院的学生，正在进行一项关于"乡村旅游活化传统村落"的相关研究，期望为中国传统村落的未来出谋划策。我们真诚地征求您的意见，希望您如实填写如下问卷，您的宝贵意见对我们十分重要。您的作答将仅用于学术研究并严格保密，感谢您的支持与配合！祝您玩得愉快！

一、基本信息（在您认为合适的地方打"√"）

1. 您的性别：☒男　　　☒女
2. 您的年龄：☒18岁以下　☒18～30岁　☒31～60岁　☒60岁以上
3. 您的文化程度：
   ☒小学及以下　　☒初中或高中　　☒本科或大专　　☒硕士或博士

4. 您的平均月收入:
   ☐ 小于 1000 元　　☐ 1000～3000 元　　☐ 3001～5000 元
   ☐ 5001～10000 元　☐ 1 万元以上

5. 您来自:
   ☐ 咸阳市　　☐ 西安市　　☐ 陕西省其他城市
   ☐ 我来自其他省份＿＿＿省＿＿＿市

6. 您现在的工作状况:
   ☐ 是学生,未参加工作　☐ 已参加工作　☐ 已经离退休　☐ 不工作,在家

7. 您来袁家村的次数: ☐ 第一次来　　☐ 第二次来　　☐ 来过多次

8. 您本次来袁家村的方式: ☐ 自驾　☐ 公共交通　☐ 团队包车或租车

9. 本次您和谁一起来的袁家村:
   ☐ 家人或亲戚　　☐ 朋友或同事　　☐ 独自一人

10. 您本次来袁家村是否过夜:
    ☐ 当天玩完就离开了　　☐ 在此留宿至少一夜

11. 您本次来袁家村是特地来还是顺路经过?
    ☐ 专门冲袁家村来玩的　　☐ 玩其他地方顺路就过来看看吧

二、旅游动机(在您认为合适的地方打"√")

1. 对于您来袁家村旅游的目的和体验,根据您的感受作答:

序号	内容	非常不同意	比较不同意	没感觉	比较同意	非常同意
1	袁家村有安静平和的氛围					
2	我喜欢袁家村的自然环境品质(如空气、水、树、花、草等)					
3	袁家村空间大,不拥挤、不嘈杂					
4	袁家村可以让我身心得到放松					
5	袁家村可以让我自由、随意地逛,没有人束缚我					
6	我喜欢袁家村的仿古房子、庙宇、戏台等特征性建筑					
7	袁家村的传统美食吸引着我					

续表

序号	内容	非常不同意	比较不同意	没感觉	比较同意	非常同意
8	我喜欢袁家村的非物质文化遗产和手工艺品					
9	我希望能体验并住在袁家村的民宿、客栈					
10	比起酒店、民宿和客栈,我更喜欢住在村民家里					
11	袁家村可以让我了解、体验关中文化					
12	我在袁家村可以进行户外活动					
13	我可以和家人、朋友一起度过美好时光					
14	袁家村对儿童来说是一个好的体验学习机会					
15	我可以在袁家村体验乡村生活					
16	我可以和本地村民进行互动交流,村民都很友好					
17	袁家村消费低					
18	袁家村与我家距离较近					

2. 将您这次来袁家村的目的进行排序,最重要的为1,其次为2……(按先后顺序填入1—6):

体验吃的特色	体验住的特色	体验关中风俗	休息放松	亲朋聚会	逃离城市污染

三、旅游评价(在您认为合适的地方打"√")

1. 您对于袁家村如何评价,根据您的感受作答:

序号	内容	非常不同意	比较不同意	没感觉	比较同意	非常同意
1	总体上,我对这次袁家村游感到满意					
2	总体上,我对袁家村的旅游设施感到满意					

续表

序号	内容	非常不同意	比较不同意	没感觉	比较同意	非常同意
3	总体上,我对袁家村的旅游服务感到满意					
4	我会再来袁家村玩					
5	我会将袁家村推荐给我的亲戚朋友					
6	我认为袁家村符合我心目中的传统村落形象					
7	我认为袁家村发展旅游是对传统文化的保护和传承					

2. 您认为袁家村的整体风貌

  ✍非常有特色,能够凸显关中风格　　✍没特色,跟其他地方差不多

  ✍我不在乎

袁家村给您印象最深的是(只要印象深,什么都可以):

_____

附录3：袁家村主要访谈人员一览表

编号	访谈时间	人物属性
A1	2016.5.18	村书记郭某某
A2	2016.5.18	副书记王某某
A3	2016.5.18	副书记郭某某
A4	2016.5.18	村主任
A5	2016.5.18	村副主任
B1	2016.5.17	居民1号农家乐
B2	2016.5.17	居民4号农家乐
B3	2016.5.17	居民5号农家乐
B4	2016.5.17	居民6号农家乐
B5	2016.5.17	居民16号农家乐
B6	2016.5.17	居民20号农家乐
B7	2016.5.18	居民25号农家乐
B8	2016.5.18	居民26号农家乐
B9	2016.5.18	居民27号农家乐
B10	2016.5.18	居民31号农家乐
B11	2016.5.18	居民32号农家乐
B12	2016.5.18	居民33号农家乐
B13	2016.12.2	居民38号农家乐
B14	2016.12.2	居民40号农家乐
B15	2016.12.2	居民41号农家乐
B16	2016.12.2	居民48号农家乐
B17	2016.12.2	居民53号农家乐
B18	2016.12.2	居民56号农家乐
B19	2016.12.2	居民57号农家乐
B20	2016.12.2	居民58号农家乐
C1	2016.5.18	豆腐坊老板
C2	2016.5.18	醋坊老板
C3	2016.5.18	小吃街羊血粉丝店老板
C4	2016.5.18	小吃街厚德麻花店老板
C5	2016.5.19	祠堂街土豆搓搓老板

续表

编号	访谈时间	人物属性
C6	2016.12.3	小吃街油坨坨店老板
C7	2016.12.3	小吃街馓子店老板
C8	2016.12.3	小吃街豆腐脑店老板
C9	2016.12.3	回民街弹弓店老板
C10	2016.12.3	街角爆米花老板
D1	2016.5.18	书院街棒棒蜜店员工
D2	2016.5.18	手工粉条店员工
D3	2016.5.18	书院街辣子条店员工
D4	2016.5.18	书院街玲珑坊店员工
D5	2016.12.4	回民街羊肉泡馍店员工
D6	2016.12.4	书院街魔术城堡店员工
D7	2016.12.4	酒吧街便利士店员工
D8	2016.12.4	生活客栈精品民宿员工
D9	2016.12.4	祠堂街腐竹店员工
D10	2016.5.19	关中古镇某商户员工
E1	2016.5.19	游客
E2	2016.5.19	游客
E3	2016.12.2	游客
E4	2016.12.2	游客
E5	2016.12.2	游客
E6	2016.12.2	游客
E7	2016.12.2	游客
E8	2016.12.2	游客
E9	2016.12.2	游客
E10	2016.12.2	游客
F1	2016.5.19	祠堂街开发商

后　记

本书即将付梓之时,也是中国抗击新型冠状病毒感染疫情已经走过三年之时。回溯三年,中华民族勠力同心、团结一致,走过了抗击疫情最困难的时期。春天迟早会来到,坚持就是胜利。本书也是一部迟来的成果。书中内容是我博士学位论文的研究成果,回想在北京大学攻读博士的那段经历,是我一生都难以忘怀的宝贵岁月,也成为我今后汲取前进动力的不竭源泉。

这个选题蕴含着我内心深厚的感情。我的曾祖母,一位地地道道、普普通通的农村女性,逝于2015年5月10日,享年95岁。她虽平凡,在我心中却那么地伟大,我爱她、敬重她。她一手带大了家里三代人,家族任何一人对她都有着无比深厚的感情。她个子不高,裹着小脚;她吃苦耐劳、和蔼可亲、勇于奉献,带有那个年代女性深深的烙印。68岁那年,她陪伴我从襁褓到蹒跚学步的孩童。她用那个时代最流行的方式,背着我上楼下楼,到处玩耍。虽然我生长在城市,但每年都会多次回到距离城市十多里路的农村那个叫作"老家"的地方,同曾祖母、爷爷、奶奶一起庆祝元宵节、中秋节和春节。2010年,她生于斯长于斯的村子在政府规划的新农村建设中被拆除,曾祖母爷爷奶奶被安置到离村七八里之外已经建好的其他村子的回迁小区临时租住。那时,曾祖母时常对我唠叨,说她年龄大了,可能等不到住进自家房子了。我说您身体好得很,要长命百岁,房子盖好就能回家了。从那个住了几十年的"老家"搬出来,曾祖母是有些不情愿的。2015年,回迁小区终于建好,曾祖母搬进"新家"了。大抵是因为她年纪大了，自从搬到新房子后就再也没有下过楼。缺乏运动再加上年龄渐增，曾祖母越发离不开床，后来因为一次下床摔断腿，她就更是离不开床了。我想她一定很怀念"老家"的小院，怀念某个下午坐着板凳沐浴在惬意的阳光下。母亲节那天，她永远地离我而去。有时我在想，是不是她的信念支撑着她一直想回到那个老家，拥有属于自己的房子，所以那么巧，坚持到新楼房盖好住进去，却还没有好好享受自家温暖就离去了。

如今承载我"老家"的房屋不在了。我清楚记得马林诺夫斯基在费孝通先生《江村经济》一书的序言中这样写道："他（指费孝通）在科学研究中勇于抛弃一切学院式的装腔作势，充分认识到要正确地解决实际困难需要知识，但科学的价值在于真正为人类服务，真理不是迎合教义而是实事求是。"费先生一直是我的偶像，他对中国农村社会深入细致的调查与了解，其著作的学术价值令我敬佩。对于我这样一个站在国家转型的风口浪尖上，但却有着20世纪八九十年代乡愁记忆的普通中国人来说，很早就想为农村、为农民做点事情。因此借博士学位论文的写作机会，向他们以及我的曾祖母致意。我希望在以后的人生道路上，能够做一个有情怀的奉献者。毕业至今，虽然我一直在变换人生的角色，但依然在乡村研究的道路上且行且思。

本书得以顺利完成，要感谢我的博士生导师吴必虎教授。他的言传身教、他的敏捷思维，让我及众多同门无时无刻不受到启发。他是一位研究者、一位知识代言人、一位良师益友、一位"钢铁侠"。我最佩服的是吴老师旺盛的精力和济世的情怀，他可以坐十几个小时飞机后马上奔赴会场作报告，也可以连续几天只睡几个小时一直工作，我自叹自己这个年纪的人都很难做到；吴老师关心民生，敢于直言让我感受并学习一个北大人的家国情怀。此外，我的所有亲人、老师、同学和朋友，也在我完成本书的过程中给予了我莫大的支持，我将永远铭记于心。

实际上，近几年学术界对传统村落的研究依然火热。一定还有很多像我一样对乡村、对传统充满热爱的人，不懈地在推动和实践传统村落的研究。不积跬步，无以至千里；不积小流，无以成江海。因学识和经验有限，书中的观点和结论难免有疏漏之处，仅为"传统村落研究"添砖加瓦，恳请读者朋友批评指正。

高璟

2022年12月6日于北京家中